HANS-UWE ERICHSEN

Elternrecht — Kindeswohl — Staatsgewalt

MÜNSTERISCHE BEITRÄGE ZUR RECHTSWISSENSCHAFT

Herausgegeben im Auftrag der Rechtswissenschaftlichen Fakultät
der Westfälischen Wilhelms-Universität in Münster durch die Professoren
Dr. Hans-Uwe Erichsen   Dr. Helmut Kollhosser   Dr. Jürgen Welp

Band 14

Elternrecht — Kindeswohl — Staatsgewalt

Zur Verfassungsmäßigkeit staatlicher Einwirkungsmöglichkeiten
auf die Kindeserziehung durch und aufgrund von Normen
des elterlichen Sorgerechts und des Jugendhilferechts

Von

Prof. Dr. Hans-Uwe Erichsen

unter Mitarbeit von

Heidrun Reuter

Regierungsrätin z. A.

DUNCKER & HUMBLOT / BERLIN

CIP-Kurztitelaufnahme der Deutschen Bibliothek

Erichsen, Hans-Uwe:
Elternrecht — Kindeswohl — Staatsgewalt / zur Verfassungsmässigkeit staatl. Einwirkungsmöglichkeiten auf d. Kindeserziehung durch u. aufgrund von Normen d. elterl. Sorgerechts u. d. Jugendhilferechts / von Hans-Uwe Erichsen. Unter Mitarb. von Heidrun Reuter. — Berlin: Duncker und Humblot, 1985.
   (Münsterische Beiträge zur Rechtswissenschaft; Bd. 14)
   ISBN 3-428-05896-8

NE: GT

Alle Rechte vorbehalten
© 1985 Duncker & Humblot GmbH, Berlin 41
Satz: Günter Schubert, 1000 Berlin 65
Druck: Bruno Luck, Berlin 65
Printed in Germany
ISBN 3-428-05896-8

Inhaltsverzeichnis

Einleitung:

Möglichkeiten staatlicher Einflußnahme auf die Kindeserziehung 9

A. Familienrechtliche Vorschriften 9

B. Vorschriften des Jugendhilferechts 11

Erstes Kapitel

Verfassungsrechtliche Vorgaben für die Ausgestaltung des elterlichen Sorgerechts und des Jugendhilferechts

A. Vorbemerkung 15

B. Die Grundrechte als Prüfungsmaßstab 16

   1. Die Geltung der Grundrechte gegenüber dem das Privatrecht gestaltenden Gesetzgeber 16

   2. Der Einfluß des Sozialstaatsprinzips auf die Gestaltung von Privatrechtsnormen 17

   3. Die Grundrechtsrelevanz leistungsstaatlicher Maßnahmen 19

   4. Die Grundrechtsrelevanz von Organisation und Verfahren 21

C. Art. 6 Abs. 1 GG als Maßstabsnorm 22

   1. Die Vielfalt der Regelungsgehalte des Art. 6 Abs. 1 GG 22

   2. Der Gewährleistungsinhalt des Art. 6 Abs. 1 GG 24

D. Art. 6 Abs. 2 S. 1 GG als Maßstabsnorm 27

   1. Die Gewährleistung des Elternrechts als „natürliches Recht" .. 27

   2. Die Regelungsgehalte des Art. 6 Abs. 2 S. 1 GG 30

3. Der Gewährleistungsinhalt des Art. 6 Abs. 2 S. 1 GG 30
   a) Pflege und Erziehung als Inhalt des Elternrechts 31
   b) Elternrecht und Elternpflicht 33
   c) Ableitung von Erziehungszielen aus den Begriffen „Pflege und Erziehung" 35
   d) Vorgabe von Erziehungszielen und -methoden durch das Grundgesetz 37
      d 1) Elternrecht und Erziehungsziele der Landesverfassungen 37
      d 2) „Formale" und „materielle" Erziehungsziele 38
      d 3) Das Menschenbild des Grundgesetzes als Richtwert 39

E. Das Elternrecht als Steuerungsvorgabe für den Gesetzgeber 43

F. Begrenzungen und Einschränkungen des Schutzbereichs des Art. 6 Abs. 2 S. 1 GG durch Normen des Jugendhilfe- und des elterlichen Sorgerechts 44

   1. Konkretisierung von Schutzbereichsbegrenzungen 44
   2. Eingriffe in den Schutzbereich 45

G. Das „Wächteramt" des Staates gemäß Art. 6 Abs. 2 S. 2 GG 47

   1. Art. 6 Abs. 2 S. 2 GG als Eingriffsvorbehalt 47
   2. Inhalt und Grenzen des Wächteramts 48
      a) Die Verpflichtung des Staates auf das Kindeswohl 48
      b) Der Vorrang der Eltern bei der Erziehung 49
      c) Folgerungen für den Umfang der Eingriffsbefugnis 51
      d) Die Bestimmung der Grenzen des Kindeswohls 53
      e) Art und Maß der Kindeswohlgefährdung 54
      f) Schwere der Beeinträchtigung des Kindeswohls 54
      g) Bezug zum elterlichen Verhalten 55
      h) Aus dem Übermaßverbot abgeleitete Grenzen 57
      i) Der Schutz der Familie — Art. 6 Abs. 1 GG 58

Zweites Kapitel

Die Verfassungsmäßigkeit der Eingriffstatbestände des elterlichen Sorgerechts

A. § 1666 Abs. 1 S. 1 BGB 60

1. Auswirkungen auf das elterliche Erziehungsrecht 61
2. Die Eingriffstatbestände im einzelnen 62
   a) Die Vernachlässigung des Kindes 62
   b) Der Mißbrauch des Personensorgerechts 63
   c) Unverschuldetes Versagen der Eltern 64
   d) Kindeswohlgefährdendes Verhalten Dritter 69
3. Das Verhältnis von § 1666 Abs. 1 S. 1 BGB zu § 1626 Abs. 2 BGB 71

B. § 1666 a BGB 76
  1. § 1666 a Abs. 1 BGB 76
  2. § 1666 a Abs. 2 BGB 77

C. § 1631 a Abs. 2 BGB 79

D. § 1631 b BGB 82

E. § 1632 Abs. 4 BGB 85

F. § 1693 BGB 90

Drittes Kapitel

Die Verfassungsmäßigkeit der Regelungen des Jugendhilferechts

A. Das Verhältnis von Staat und Familie nach dem geltenden Jugendhilferecht 91

  1. Das „Recht auf Erziehung" 92
  2. Erziehungsdefizit als Voraussetzung der Gewährung von Jugendhilfe? 96
     a) Jugendfürsorge und allgemeine Förderungsangebote 96
     b) § 1 Abs. 3 JWG als Normierung einer Grenze öffentlicher Jugendhilfe 97
        b 1) Staatlich angeordnete Jugendhilfemaßnahmen 98
        b 2) Die freiwillige Inanspruchnahme von Jugendhilfeleistungen 98
        b 3) Die Legitimation öffentlicher Jugendhilfeleistungen 100
     c) Die Gestaltungsfreiheit des Gesetzgebers 102

3. Das Eintreten öffentlicher Jugendhilfe bei der Erziehung des Kindes durch nahe Verwandte 103

   a) Abweichung des § 8 S. 2 SGB I von § 1 Abs. 3 JWG 103

   b) Der Vorrang der Familie i. w. S. als mögliches Verfassungsgebot 104

      b 1) Auslegung am Maßstab des Art. 6 Abs. 1 GG 104

      b 2) Subsidiaritätsprinzip und Übermaßverbot als Auslegungsmaximen 104

   c) Der Vorrang der Familie i. w. S. als möglicher Verfassungsverstoß 105

      c 1) Die Vereinbarkeit mit dem staatlichen Wächteramt 106

      c 2) Die Vereinbarkeit mit dem allgemeinen Gleichheitssatz 107

4. Zusammenfassung 107

B. Das Verhältnis von staatlichen und freien Trägern der Jugendhilfe 108

C. Möglichkeiten der zwangsweisen Durchsetzung von Jugendhilfemaßnahmen 111

1. Die vormundschaftsgerichtlich angeordnete Bestellung eines Erziehungsbeistands gemäß § 57 JWG 111

2. Die vormundschaftsgerichtlich angeordnete Fürsorgeerziehung gemäß § 64 JWG 115

Viertes Kapitel

Umstrittene Reformvorschläge

A. Die Eingangsvorschrift des § 1 JHG 119

B. Der Grundsatz der Freiwilligkeit gemäß § 7 Abs. 1 S. 1 JHG und das Antragsrecht des Jugendlichen gemäß § 7 Abs. 3 S. 2 JHG 119

C. Die vormundschaftsgerichtliche Anordnung gemäß § 8 JHG 122

D. Die Stellung der freien Träger der Jugendhilfe 122

Verzeichnis häufiger und abgekürzt zitierter Schriften 124

Gesetzesregister 125

Sachverzeichnis 128

Einleitung

Möglichkeiten staatlicher Einflußnahme auf die Kindeserziehung

Die staatliche Einflußnahme auf die Erziehung des Kindes tritt augenfällig im staatlich-schulischen Bereich in Erscheinung, wo das schulpflichtige Kind Tag für Tag (auch) mit dem Staat konfrontiert wird, der ihm in Gestalt des Lehrers und über staatlich verordnete Lehrpläne gegenübertritt[1]. Indessen stellt die schulische Erziehung nur einen Ausschnitt aus den dem Staat zur Verfügung stehenden Möglichkeiten dar, auf die Entwicklung des Kindes einzuwirken. Daneben ist ihm ein breites Betätigungsfeld dort eröffnet, wo Störungen in der Beziehung des Kindes zu seinen Eltern auftreten, wo die familiären Verhältnisse nicht „intakt" sind und eine Erziehung des Kindes durch die Eltern nicht stattfindet. Hier greifen spezielle Regelungen des Familien- und Jugendhilferechts zum Schutze der Kindesentwicklung ein, die den Staat ermächtigen, auf das Erziehungsgeschehen einzuwirken, u. U. den Eltern die Erziehung ganz oder teilweise aus der Hand zu nehmen und sie auf andere Personen oder Institutionen zu verlagern oder selbst zu übernehmen.

A. Familienrechtliche Vorschriften

So sieht eine Vielzahl familienrechtlicher Bestimmungen vor, daß das Vormundschaftsgericht — teilweise auf Antrag der Eltern, regelmäßig aber von Amts wegen — Maßnahmen treffen kann, die gestaltenden Einfluß auf die Entwicklung des Kindes nehmen und auf diese Weise die in der Familie begonnene Erziehung durch die Eltern mit unterschiedlicher Intensität ergänzen, u. U. auch ganz zurückdrängen können. Als maßgebliche Vorschriften sind hier etwa §§ 1631 a Abs. 2, 1631 b, 1632 Abs. 4, 1693 BGB, vor allem aber § 1666 Abs. 1 S. 1 BGB i. V. m. § 1666 a BGB zu nennen.

---

[1] Vgl. dazu *Erichsen*, Schule und Parlamentsvorbehalt, in: Festschrift zum 125jährigen Bestehen der Juristischen Gesellschaft zu Berlin, 1984, S. 114 ff.; *dens.*, Elternrecht und staatliche Verantwortung für das Schulwesen, in: Recht und Staat im sozialen Wandel, Festschrift für Hans Ulrich Scupin zum 80. Geburtstag, 1983, S. 721 ff.; *dens.*, Verstaatlichung der Kindeswohlentscheidung?, 2. Aufl. 1979.

Mit Ausnahme von § 1693 BGB sind die genannten Regelungen durch das am 1. Januar 1980 in Kraft getretene Gesetz zur Neuregelung des Rechts der elterlichen Sorge vom 18. Juli 1979[2] eingeführt oder geändert worden. Wichtigste Ziele des Gesetzes sollten nach den verschiedenen Entwürfen eine Änderung der Vorschriften über das Verhältnis von Eltern und Kindern und eine Erweiterung der Befugnisse des Vormundschaftsgerichts im Rahmen von § 1666 BGB sein[3]. Daß die Vorschriften des I. Abschnitts des Grundgesetzes für die Ausgestaltung der einzelnen Regelungen anders als bei anderen Änderungen des bürgerlichen Rechts eine besondere Rolle spielen mußten, war schon bei den ersten Entwürfen mit unterschiedlicher Akzentuierung bewußt geworden.

Betonte noch der von der SPD/FDP geführten Bundesregierung in der 7. Wahlperiode eingebrachte Entwurf allein die Bedeutung der Kindesgrundrechte[4], so enthielt der Gesetzentwurf der Fraktionen von SPD und FDP in der 8. Wahlperiode auch ein Bekenntnis zum Schutz der Familie (Art. 6 Abs. 1 GG) und einen Hinweis auf das Elternrecht (Art. 6 Abs. 2 S. 1 GG)[5]. Dies vermochte allerdings nicht die insbesondere in der CDU/CSU-Fraktion vorherrschende Besorgnis zu entkräften, die Neuregelung lege zu starkes Gewicht auf die elterlichen Pflichten gegenüber dem Kind, eröffne dem Staat zu weitgehende Kontroll- und Eingriffsmöglichkeiten und trage durch diese Verrechtlichung der familiären Beziehungen den Konflikt in die Familie. Noch in den einleitenden Bemerkungen zur Beschlußempfehlung des Rechtsausschusses, die im wesentlichen als Gesetz beschlossen wurde, wurden von den Mitgliedern der CDU/CSU-Fraktion im Rechtsausschuß Bedenken vorgebracht. Sie hielten „alle Vorschriften des Gesetzentwurfs für überflüssig, für die Familie als Ganzes schädlich und verfassungsrechtlich bedenklich, welche für alle Familien verbindliche Leitbilder und Erziehungsstile vorschreiben sowie Eingriffsmöglichkeiten in die Familie für außerfamiliäre Einrichtungen vorsehen, die nicht auf § 1666 BGB gestützt werden"[6].

Die Kritik des neuen elterlichen Sorgerechts setzt nicht allein bei der Verfassung an. Wie auch bei anderen Reformen des Familienrechts wird der Stil heutiger Gesetzgebung gerügt[7]. Das neue elterliche Sorgerecht

---
[2] BGBl. I, S. 1061. Zum Gang der Gesetzgebung vgl. *Belchaus*, Elterliches Sorgerecht, 1980, S. 24 ff.

[3] Vgl. BT-Drucks. 7/2060, S. 1 f.; BT-Drucks. 8/111, S. 1 f.; BT-Drucks. 8/2788, S. 1 f.

[4] BT-Drucks. 7/2060, S. 1: „Das Kind ist nach heutigem Rechtsbewußtsein nicht als Objekt elterlicher Fremdbestimmung anzusehen, sondern als *Grundrechtsträger,* der mit zunehmendem Alter ‚grundrechtsmündig' wird."

[5] BT-Drucks. 8/111, S. 1.

[6] BT-Drucks. 8/2788, S. 2.

[7] *Gernhuber*, Neues Familienrecht, 1977, S. 48 ff.

zeige eine Gesetzgebung, die halbherzig wirke, nicht ernstlich nehme und nicht ernstlich gewähre und sich zuweilen schlicht verweigere. Brisante Fragen, wie diejenige nach empfängnisverhütenden Mitteln und nach einem Schwangerschaftsabbruch bei Minderjährigen seien nicht behandelt[8]. Die vorliegende Untersuchung geht indessen nicht auf die Frage ein, ob der Verzicht auf bestimmte Regelungen gegen das Grundgesetz verstößt, sondern befaßt sich nur mit der Verfassungsmäßigkeit von Gesetz gewordenen Neuregelungen.

B. Vorschriften des Jugendhilferechts

Weitere Möglichkeiten, auf die Entwicklung der Kinder einzuwirken, sind dem Staat durch Normen des Jugendwohlfahrtsgesetzes (JWG) eröffnet. So kann das Vormundschaftsgericht gemäß §§ 55, 57 Abs. 1 S. 1 JWG Erziehungsbeistandschaft und gemäß § 64 JWG Fürsorgeerziehung auch gegen den Willen der Eltern anordnen. Darüber hinaus vollzieht sich im Bereich des Jugendhilferechts die staatliche Einflußnahme auf die Kindeserziehung jedoch weniger durch Anordnungen denn durch von den Trägern der Jugendhilfe angebotene und vom Jugendlichen oder seinen Eltern angenommene Leistungen, die von der Erziehungsberatung über Kinderkrippen bis hin zu internationalen Jugendbegegnungen reichen und die in § 5 Abs. 1 JWG nicht einmal abschließend aufgeführt sind. Das in § 5 Abs. 3 S. 2 JWG verankerte Gebot des Vorrangs der freien Träger der Jugendhilfe setzt in diesem Bereich freiwilliger Inanspruchnahme der Jugendhilfeeinrichtungen den Einwirkungsmöglichkeiten des Staates allerdings Grenzen[9].

Die Bevorzugung staatlicher Hilfeleistungen findet im Text des JWG indessen nur eingeschränkt Rückhalt. Der Grund hierfür ist in der ursprünglichen Konzeption des JWG als eines Gesetzes zum Schutze der öffentlichen Sicherheit und Ordnung zu sehen; die dem Jugendamt hierin zugewiesene Tätigkeit entspricht eher der einer Polizei- oder Ordnungsbehörde denn einer Jugend*hilfe*behörde[10]. Erst die Novelle von 1961 führte die sog. „freiwillige Erziehungshilfe" gemäß §§ 62, 63 JWG ein, die aber ihren Zweck, die Fürsorgeerziehung durch eine weniger schwere Maßnahme zum großen Teil zu ersetzen, nicht erfüllt,

---

[8] Vgl. *Gernhuber,* Neues Familienrecht, 1977, S. 49 f. Zur Frage des Schwangerschaftsabbruchs bei Minderjährigen vgl. LG München NJW 1980, S. 646 u. U.S. Supreme Court, EuGRZ 1979, S. 577. Entgegen ursprünglicher Absicht hat der Gesetzgeber auch auf eine Regelung der Heilbehandlung verzichtet. Vgl. BT-Drucks. 8/111, S. 3, wonach eine solche Regelung ursprünglich als § 1626 a BGB eingefügt werden sollte.

[9] Vgl. dazu BVerfGE 22, S. 180 (200 ff.).

[10] Vgl. *Wiesner,* ZBlJugR 1980, S. 455 (457). Vgl. auch BGH FamRZ 1979, S. 225 (226 f.).

da sie keine rechtzeitige familienunterstützende Hilfe leistet, sondern lediglich die Möglichkeit der außerfamiliären Unterbringung von Kindern und Jugendlichen vorverlagert[11]. Maßnahmen dieser Art sind daher in der Jugendhilfestatistik des letzten Jahrzehnts rückläufig. Die Tätigkeit der Träger öffentlicher Jugendhilfe konzentrierte sich mehr und mehr auf Beratung und sog. „formlose Betreuung", Leistungen, die das JWG nicht förmlich ausgestaltet hat und die in dem sehr allgemeinen § 5 JWG, der zudem noch unter der Überschrift „Zuständigkeit" steht und allenfalls als Aufgabenzuweisungsnorm konzipiert ist, nur eine fragwürdige Rechtsgrundlage finden[12].

Der Gedanke, „durch ein bedarfsgerechtes Instrumentarium von Beratungsleistungen, sozialpflegerischen Hilfen und pädagogischen und therapeutischen Hilfen, die keine oder nur teilstationäre Unterbringung erfordern, Problemen in der Erziehung und Entwicklung Minderjähriger so rechtzeitig zu begegnen, daß eine Verfestigung, eine Eskalation, die zur Herausnahme des Kindes oder Jugendlichen aus der Familie führt, in vielen Fällen vermieden werden kann"[13] und damit den Bedürfnissen der Praxis zu entsprechen, die nicht länger Maßnahmen reaktiver Gefahrenabwehr, sondern erzieherische Hilfen im Mittelpunkt des Jugendhilferechts stehen sehen wollte, führte zu dem Vorhaben einer Reform des Jugendhilferechts, die ursprünglich im Anschluß an die Reform des Rechts der elterlichen Sorge durchgeführt werden sollte[14]. Als ihr Motto wurde der Übergang „vom Eingriff zur Leistung"[15] ausgegeben. Es kennzeichnet das Anliegen schlagwortartig, ist aber zugleich geeignet, den Blick für die mit der Neuordnung verbundenen verfassungsrechtlichen Probleme zu trüben. Seinen Ausdruck fand dieses Reformziel u. a. in dem § 8 des beabsichtigten Jugendhilfegesetzes (JHG), der fortan die einzige Rechtsgrundlage für staatliche Eingriffe im Jugendhilferecht bilden sollte und diese nur unter den Voraussetzungen des § 1666 BGB zuließ.

Die Reform des Jugendhilferechts war über drei Legislaturperioden hinweg Gegenstand der (auch verfassungsrechtlichen) Diskussion, in

---

[11] *Wiesner*, ZBlJugR 1980, S. 455 (458).

[12] Bedenken auch bei *Horndasch*, Zum Wohle des Kindes, S. 253. Vgl. auch *Stolleis*, Eltern- und Familienbildung als Aufgabe der Jugendhilfe, 1978, S. 47.

[13] *Wiesner*, ZBlJugR 1980, S. 455 (459). Vgl. auch BT-Drucks. 8/4010, S. 1 ff.

[14] *Mrozynski*, Jugendhilfe und Jugendstrafrecht, 1980, meint, daß die Reform „wohl am Ende nur wenig mehr als eine sprachliche Anpassung des Gesetzes an die tatsächliche Situation" bringen werde, S. 96.

[15] *Wiesner*, ZRP 1979, S. 285 (287). Vgl. auch *Münder*, ZBlJugR 1978, S. 29 (33). *H. Schneider*, Die öffentliche Jugendhilfe zwischen Eingriff und Leistung, 1964, S. 182 ff. und passim, greift diese Frage bereits im Hinblick auf die RJWG-Novelle 1961 auf.

B. Vorschriften des Jugendhilferechts

deren Verlauf eine Vielzahl von Entwürfen und Stellungnahmen von den verschiedensten Gremien vorgelegt wurde. Zu nennen sind hier insbesondere der Entwurf eines Sozialgesetzbuches (SGB) — Jugendhilfe — der Bundesregierung vom 14. 2. 1979[16], der Entwurf eines Gesetzes zur Verbesserung der Jugendhilfe — Antrag des Landes Baden-Württemberg[17] und der Gesetzentwurf des Bundesrats vom 10. 8. 1979[18]. Der schließlich am 23. 5. 1980 vom Bundestag als Gesetz beschlossene Entwurf eines Jugendhilfegesetzes[19], der inhaltlich der vom Regierungsentwurf abweichenden Beschlußempfehlung des Ausschusses für Jugend, Familie und Gesundheit[20] entspricht, vermochte das Reformvorhaben nicht abzuschließen, weil er nicht die Zustimmung des Bundesrats fand[21]. Ein — auf die Novellierung des JWG begrenzter — weiterer Reformversuch liegt seit September 1984 in Form eines Referentenentwurfs des Bundesministeriums für Jugend, Familie und Gesundheit vor[22].

Da es gegenwärtig nicht abzusehen ist, wann und in welcher Form eine Gesetzesvorlage zur Jugendhilferechtsreform schließlich in den Bundestag eingebracht wird, befaßt sich die nachfolgende verfassungsrechtliche Untersuchung in erster Linie exemplarisch mit dem geltenden Jugendhilferecht, d. h. mit den Regelungen des (Reichs-)Jugendwohlfahrtsgesetzes, das trotz einiger Novellierungen, zuletzt im Jahre 1961, im wesentlichen in der am 9. Juli 1922 verkündeten und am 1. April 1924 in Kraft getretenen Fassung gilt. Zu beachten ist allerdings, daß das JWG heute gemäß Art. II § 1 Nr. 16 der Übergangs- und Schlußvorschriften zum SGB I[23] als Besonderer Teil des Sozialgesetzbuches gilt. Jugendhilfe ist durch diese — umstrittene[24] — Einbeziehung in eine Reihe mit den sozialen Förderungs- und Hilfeleistungen des Staates gestellt worden. Sie ist gemäß § 8 i. V. m. § 2 SGB I Gegenstand eines der sog. sozialen Rechte des SGB, die gemäß § 2 Abs. 2 SGB I bei der Auslegung des SGB und bei der Ausübung von Ermessen zu beachten sind. Probleme bei der Anwendung des JWG entstehen dadurch insofern, als § 8 SGB I sowie § 27 SGB I, der die Leistungen der Jugend-

---

[16] BT-Drucks. 8/2571.
[17] BR-Drucks. 100/1/79.
[18] BT-Drucks. 8/3108.
[19] BT-PlPr 8/219, S. 17632 D ff.
[20] BT-Drucks. 8/4010.
[21] BT-Drucks. 8/4388; vgl. Protokoll der 490. Sitzung des BR vom 4. 7. 1980, BR-PlPr 490/80, S. 311 C, 322 A.
[22] Vgl. dazu *Wiesner*, FamRZ 1985, S. 225 ff.
[23] Gesetz vom 11. Dez. 1975 — BGBl. I, S. 3015.
[24] Vgl. die Darstellungen dieser Problematik m. w. Nachw. bei Rode in Bochumer Kommentar zum SGB AT, 1979, § 8 Rdn. 1 und 2; *Schellhorn*, in: Burdenski/v. Maydell/Schellhorn, SGB AT, 2. Aufl. 1981, § 8 Rdn. 13 ff. Vgl. weiter *Happe,* ZRP 1979, S. 110 (113).

hilfe konkretisiert, in ihren Formulierungen teilweise nicht zu denen des JWG passen. Es kann sich daher die Frage stellen, ob diese Differenzen in den Formulierungen auch zu Inhalts- und Bedeutungsunterschieden führen und damit Widersprüche zwischen dem JWG und den einschlägigen Vorschriften des SGB I hervorrufen.

Erstes Kapitel

Verfassungsrechtliche Vorgaben für die Ausgestaltung des elterlichen Sorgerechts und des Jugendhilferechts

A. Vorbemerkung

Staatliches Handeln auf dem Gebiet der Kindeserziehung wird naturgemäß insbesondere dort als störende „Einmischung" in die Privatsphäre der Familie empfunden, wo staatliche Institutionen — in der Regel das Vormundschaftsgericht — *gegen den Willen der Eltern* die Entwicklung des Kindes betreffende Maßnahmen anordnen. Im folgenden sollen daher in erster Linie diejenigen Vorschriften des Familien- und Jugendhilferechts auf ihre Verfassungsmäßigkeit hin überprüft werden, die den Staat ermächtigen, ohne Einverständnis der Eltern Maßnahmen im Bereich der Kindererziehung zu treffen. Daneben werden indessen auch die vielfältigen Möglichkeiten des Staates, durch Leistungsangebote auf die Familie Einfluß nehmen zu können, Beachtung finden müssen. Zuvor ist es aber notwendig, sich über die verfassungsrechtlichen Grundlagen des Verhältnisses von Familie und Staat bei der Kindererziehung Klarheit zu verschaffen. Die maßgeblichen Regelungen finden sich in Art. 6 GG, insbesondere in den Absätzen 1 bis 3. Ergänzend sind dem Sozialstaatsprinzip sowie dem verfassungsrechtlichen Übermaßverbot wichtige Grundsätze für die gesetzliche Ausgestaltung der Eltern-Kind-Staat-Beziehung zu entnehmen.

Bei der Überprüfung von Normen des Familien- und Jugendhilferechts am Maßstab der Verfassung kann es nicht darum gehen, Streitigkeiten über Inhalt, Zweck und Reichweite einzelner Zivilrechtsnormen zu lösen und sich nach einer Diskussion des Für und Wider bestimmter Interpretationsmöglichkeiten zugunsten einer Auslegung der Norm zu entscheiden. Umgekehrt soll aber ein bestimmtes Normverständnis der „herrschenden Meinung" auch nicht unreflektiert übernommen werden. Aufgabe der verfassungsrechtlichen Untersuchung ist es vielmehr, festzustellen, ob eine Norm nach allen denkbaren Auslegungsmöglichkeiten dem Grundgesetz widerspricht. Läßt die Norm hingegen mehrere Auslegungen zu, die teils zu einem verfassungsmäßigen, teils zu einem verfassungswidrigen Ergebnis führen, so ist — wenn möglich — eine verfassungskonforme Interpretation vorzunehmen. Verfassungskonform interpretiert ist die Norm dann als verfassungsmäßig anzusehen[1].

B. Die Grundrechte als Prüfungsmaßstab

1. Die Geltung der Grundrechte gegenüber dem das Privatrecht gestaltenden Gesetzgeber

Gemäß Art. 1 Abs. 3 GG ist der Gesetzgeber an die „nachfolgenden Grundrechte" gebunden. Das Elternrecht des Art. 6 Abs. 2 S. 1 GG und die Kindesgrundrechte sind gleichermaßen Abwehrrechte gegenüber der Staatsgewalt. Als solche sind sie Bestandteil eines verfassungsrechtlichen Verteilungsmodells im Verhältnis von Staat und Bürgern. Die Beziehungen der Bürger untereinander kommen bei diesem auf Trennung der Bereiche von Staat und Gesellschaft gerichteten Regelungsgehalt der Grundrechtsnormen nicht in den Blick.

Der Interessenausgleich unter den in ihrer Gesamtheit den Bereich der Gesellschaft bildenden Bürgern[2] ist Gegenstand des als Privatrecht bezeichneten Teils der Rechtsordnung[3]. Jene Bestimmungen des Gesetzes zur Neuregelung des Rechts der elterlichen Sorge, die nicht das Staat-Bürger-Verhältnis betreffen, sondern deren Gegenstand die Verteilung der Rechte und Pflichten im Verhältnis von Eltern und Kindern, also von Privaten zueinander, ist, gehören dem Privatrecht an. Dazu gehören beispielsweise §§ 1626, 1631 Abs. 1, 1629, 1632 Abs. 1, 2 BGB. Dagegen berechtigen etwa der neugefaßte § 1666 BGB sowie einige weitere Normen des Familien- und auch des Jugendhilferechts ausschließlich eine Untergliederung des Staates, das Vormundschaftsgericht. Diese Vorschriften gehören daher dem auf die Gestaltung des Verhältnisses von Staat und Gesellschaft gerichteten Teil der Rechtsordnung, dem öffentlichen Recht an.

Haben wir es bei den zu überprüfenden Vorschriften mit Normen sowohl des öffentlichen wie auch des Privatrechts zu tun, so stellt sich die Frage, ob diese Unterschiedlichkeit der Prüfungsgegenstände Auswirkungen auf die Anwendung der Grundrechtsnormen als Prüfungsmaßstab hat.

Aus Art. 6 Abs. 2 S. 1 GG können die Eltern ein Recht gegenüber dem Staat auf Unterlassung rechtswidriger Eingriffe des Staates in ihr

---

[1] Vgl. etwa BVerfGE 2, S. 266 (282); 35, S. 263 (280); 41, S. 65 (86); 46, S. 166 (184).

[2] Vgl. dazu etwa *E. W. Böckenförde*, Die Bedeutung der Unterscheidung von Staat und Gesellschaft im demokratischen Sozialstaat der Gegenwart, in: Festschrift für Hefermehl, 1972, S. 11 (13, 18, 20).

[3] Vgl. dazu auch *D. Ehlers*, Verwaltung in Privatrechtsform, 1984, S. 42 f.

Pflege- und Erziehungsrecht herleiten. Das gilt — wie sich aus Art. 1 Abs. 3 GG ergibt — auch für gesetzgeberische Eingriffe[4]. Insoweit entfaltet schon der abwehrrechtliche Gehalt des Art. 6 Abs. 2 S. 1 GG maßstabgebende Kraft im Hinblick auf die das Verhältnis Eltern — Staat regelnden Normen.

Zwar ergehen diejenigen Vorschriften, die Eltern und Kinder im Verhältnis zueinander berechtigen oder verpflichten und daher privatrechtlicher Natur sind, ebenso wie die das Vormundschaftsgericht oder das Jugendamt ermächtigenden und daher öffentlich-rechtlichen Normen in Ausübung staatlicher Gewalt. Sie ziehen jedoch nicht Grenzen zwischen Staat und Gesellschaft, sondern *innerhalb der Gesellschaft*. Für den Ausgleich der Interessen in dieser „horizontalen" Bürger-Bürger-Beziehung[5] kann eine Einwirkung der Grundrechte als Abwehrrechte nur dann angenommen werden, wenn die Grundrechte auch unter Privaten gelten. Private sind jedoch in Art. 1 Abs. 3 GG nicht als Verpflichtungsadressaten der Grundrechte genannt. Die Grundrechte markieren ihrer Konzeption nach eine Grenze zwischen Staat und Gesellschaft und beschreiben in ihrer abwehrrechtlichen Funktion Bereiche gesellschaftlicher Freiheit gegenüber staatlicher Ingerenz; sie können daher insoweit für die Zuordnung von Handlungsspielräumen Privater untereinander keine Lösung bereithalten. Demzufolge ist der Gesetzgeber bei der Regelung des Privatrechts *nicht* an die Grundrechte *als Abwehrrechte* gebunden[6]. Insoweit besteht eine „grundrechtliche Strukturverschiedenheit des Verhältnisses von personaler Freiheit zu personaler Freiheit einerseits und von personaler Freiheit zu staatlicher Herrschaftskompetenz andererseits"[7].

2. Der Einfluß des Sozialstaatsprinzips auf die Gestaltung von Privatrechtsnormen

Allerdings ist das Nebeneinander staatsgerichteter Freiheit weder spannungs- noch kollisionsfrei, bedarf der begrenzenden und ausgleichenden Ordnung, die, auch wenn sie auf das Staat-Bürger-Verhältnis zielt, Auswirkungen im Bereich der Gesellschaft und damit im Verhältnis der Bürger zueinander hat.

Darüber hinaus ist das Verhältnis personaler Freiheiten zueinander nicht aus dem Zugriffsbereich staatlicher Herrschaftskompetenz herausgenommen. Der im abwehrrechtlichen Gehalt der Grundrechtsnor-

---
[4] BVerfGE 7, S. 320 (323).
[5] Vgl. *Suhr*, Entfaltung der Menschen durch die Menschen, 1976, S. 115.
[6] So auch *Reuter*, Kindesgrundrechte und elterliche Gewalt, 1968, S. 76; *Starck*, JuS 1981, S. 237 (243 ff.); *K. Hesse*, in: Handbuch des Verfassungsrechts, 1983, S. 79 (95).
[7] *H. H. Rupp*, DVBl. 1972, S. 66 (67).

men entfalteten verfassunggestaltenden Grundentscheidung für den Rechtsstaat steht gleichwertig das verfassungsrechtliche Bekenntnis zum Sozialstaatsprinzip gegenüber. Dieser Grundsatz verpflichtet den Staat, eine gerechte Sozialordnung zu schaffen, enthält daher Ermächtigung und Verpflichtung zugleich, die Beziehungen unter den Bürgern, d. h. den Bereich der Gesellschaft zu ordnen[8]. Der im Verhältnis zum Staat abwehrrechtlich konstituierte Freiraum der Gesellschaft bedarf mithin sozialstaatlicher Ordnung. Der dem Sozialstaatsprinzip entnommene Gestaltungsauftrag trifft damit notwendig auf das durch den abwehrrechtlichen Gehalt der Grundrechte konkretisierte Rechtsstaatsprinzip. Ist dieses darauf gerichtet, den staatlichen Zugriff auf die grundrechtlich geschützte Sphäre abzuwehren und dem einzelnen ein Höchstmaß an individueller Entfaltungsfreiheit zu gewähren, so verpflichtet jenes den Staat zum Eingriff, zur Beschneidung und Disziplinierung individueller Entfaltungsfreiheit[9].

Um das Spannungsverhältnis zwischen dem auf Gestaltung gerichteten Sozialstaatsauftrag und dem die persönliche Entfaltungsfreiheit gewährenden Rechtsstaatsprinzip[10] nicht zur Inkompatibilität aufbrechen zu lassen, legt der Grundsatz der Einheit der Verfassung es nahe, die in den Grundrechten zum Ausdruck kommende Freiheitsverbürgung auch zum Maß und Ziel staatlicher Intervention in den Bereich der Gesellschaft zu machen[11]. Dergestalt wird der Staat verpflichtet, zu verhindern, daß die gegenüber staatlicher Macht gewährleistete Freiheit durch ungehemmt ausgeübte gesellschaftliche Macht beseitigt und aus diesem Grunde irreal wird[12]. So verstanden legitimiert das Sozialstaatsprinzip den Gesetzgeber, im gesellschaftlichen Bereich normierend tätig zu werden, und zwar im Sinne der von den Grundrechten vorgegebenen rechtsstaatlichen Wertordnung und zur Verstärkung ihrer subjektiven Geltungskraft[13].

---

[8] Vgl. dazu *Erichsen*, DVBl. 1983, S. 289 (296); *Stern*, Das Staatsrecht der Bundesrepublik Deutschland, Bd. 1, 2. Aufl. 1984, § 21 I 4 d (S. 887 f.).

[9] Vgl. auch *Doehring*, Alternativen des Sozialstaats, in: D. Merten/Morsey (Hrsg.), 30 Jahre Grundgesetz, 1979, S. 125 (130 f.); *dens.*, in: Die politische Meinung, Sonderheft 1978, S. 18 f.

[10] Dazu auch *Stern*, Das Staatsrecht der Bundesrepublik Deutschland, Bd. 1, 2. Aufl. 1984, § 21 IV 3 (S. 922 f.).

[11] Vgl. auch *Zacher*, Sozialpolitik und Verfassung im 1. Jahrzehnt der Bundesrepublik Deutschland, 1980, S. 744 ff., 754.

[12] Vgl. auch BVerfGE 50, S. 290 (337 f.); *Hesse*, DÖV 1975, S. 437 (442); *E.-W. Böckenförde*, Die Bedeutung der Unterscheidung von Staat und Gesellschaft im demokratischen Sozialstaat der Gegenwart, in: Festschrift für Hefermehl, 1972, S. 11 (15 f., 19 f.); *Doehring*, Alternativen des Sozialstaats, in: D. Merten/Morsey (Hrsg.), 30 Jahre Grundgesetz, 1979, S. 125 (128).

[13] Vgl. auch BVerfGE 50, S. 290 (337 f.). *H. H. Rupp*, AöR Bd. 101 (1976), S. 161 (183) spricht von „... Grundrechte(n) ... als prägende(n) Ordnungsprinzipien sozialstaatlicher Aufgabenerfüllung ...". Vgl. weiter *Erichsen*, Staatsrecht und Verfassungsgerichtsbarkeit I, 3. Aufl. 1982, S. 45 ff.

B. Grundrechte als Prüfungsmaßstab

Den Grundrechtsnormen ist also eine „objektive Wertordnung"[14] zu entnehmen, die über das Sozialstaatsprinzip den Staat bei der Gestaltung gesellschaftlicher Rechtsbeziehungen durch Vorgabe von Ziel und Grenze steuert sowie auf das bestehende Privatrecht als dem Recht der Rechtsbeziehungen in der Gesellschaft einwirkt und bei dessen Auslegung zu berücksichtigen ist[15].

3. Die Grundrechtsrelevanz leistungsstaatlicher Maßnahmen

Wie bereits gesagt, ist der Staat nach den Regelungen des BGB und des Jugendhilferechts nicht nur zu Eingriffen gegenüber den Eltern befugt, vorgesehen sind de lege lata und de lege ferenda (man denke an das Motto der Jugendhilferechtsreform „Vom Eingriff zur Leistung") auch vielfältige Möglichkeiten leistungsstaatlicher Hilfe. Die damit zuweilen verbundene Vorstellung größerer Gestaltungsfreiheit des Gesetzgebers läßt eine Erörterung der Frage geboten erscheinen, ob staatliche Leistung grundrechtsirrelevant ist oder ob auch staatliche Leistung grundrechtserheblich und damit grundrechtsgebunden ist[16].

Wesentliche Funktion der Grundrechte ist heute wie ehedem, den Bürger vor Übergriffen der Staatsgewalt in seine Freiheitssphäre zu schützen. Bei strikter Trennung der Sphären von Staat einerseits und Gesellschaft andererseits geht es demnach im liberalen Rechtsstaat darum, den durch Ge- und Verbot gezielt in den Bereich der Gesellschaft eingreifenden Staat zu disziplinieren. Heute ist indes die Trennung von Staat und Gesellschaft insofern nicht unerheblich relativiert, als staatliche Leistungen vielfach zur Bedingung gesellschaftlicher Existenz geworden sind[17]. Das breitgefächerte Ausbildungsangebot durch

---

[14] Dazu auch *K. Hesse*, in: Handbuch des Verfassungsrechts, 1983, S. 79 (93 ff.). Zur Kritik der Terminologie vgl. *H. H. Rupp*, DVBl. 1972, S. 66 (67) und *Stolleis*, JuS 1974, S. 770 (773 m. w. Nachw.).

[15] Vgl. auch *H. H. Rupp*, AöR Bd. 101 (1976), S. 161 (177); *K. Hesse*, Grundzüge des Verfassungsrechts der Bundesrepublik Deutschland, 14. Aufl. 1984, Rdn. 298 f.; ders., in: Handbuch des Verfassungsrechts, 1983, S. 76 (102 f). Im Ergebnis übereinstimmend: *Dürig*, DÖV 1958, S. 194 f.; ders., Grundrechte und Zivilrechtsprechung, in: Festschrift für Nawiasky, 1958, S. 157 (176 f.); ders., in: Maunz/Dürig, GG, Stand Jan. 1985, Art. 1 Abs. III Rdn. 132 f.; *Zippelius*, in: Bonner Kommentar (Zweitbearbeitung), Art. 1 Rdn. 34 f.; *Maunz/Zippelius*, Deutsches Staatsrecht, 26. Aufl. 1985, § 23 II 1 (S. 182); *Friesenhahn*, Der Wandel des Grundrechtsverständnisses, 1974, S. 18 f.; *Häberle*, VVDStRL Bd. 30 (1972), S. 43 (68); *Ossenbühl*, NJW 1976, S. 2100 (2101 f.); *Bethge*, Zur Problematik von Grundrechtskollisionen, 1977, S. 368 ff., 389; *Ruland*, NJW 1980, S. 89 (92 f.); *Schuppert*, AöR Bd. 103 (1978), S. 43 (48 f. m. w. Nachw.). Vgl. weiter BGHZ 50, S. 133 (143 f., 145, Mephisto-Urteil).

[16] Zu den Grenzen staatlicher Leistungsangebote im Eltern-Kind-Staat-Verhältnis vgl. auch *Zuleeg*, FamRZ 1980, S. 210 (214).

[17] Vgl. dazu *Forsthoff*, Die Verwaltung als Leistungsträger, 1938, S. 4 f.; *Häberle*, VVDStRL Bd. 30 (1972), S. 43 (47, 59, 90 f., 96 f.).

den Staat — flankiert durch Stipendien — ist hierfür beredtes Beispiel[18]. Entsprechend sind auch die Möglichkeiten des Staates gestiegen, durch Gewährung oder Entzug von Leistungen verhaltenssteuernd auf seine Bürger einzuwirken[19].

So hat denn auch das Bundesverfassungsgericht im Hinblick auf den „‚Leistungsstaat‘ der Gegenwart" festgestellt, „daß staatliche Einwirkungen in den Bereich der wirtschaftlichen Betätigung zunehmend nicht im Wege eines unmittelbar ‚gezielten‘ Eingriffs erfolgen, sondern durch staatliche Planung, Subventionierung oder ... als Folge einer bestimmten Wahrnehmung von Aufgaben der staatlichen Leistungsverwaltung"[20] und hat es bereits in einer früheren Entscheidung erkannt: „Staatliches Handeln, durch das dem Einzelnen Leistungen und Chancen gewährt und angeboten werden, ist für eine Existenz in Freiheit oft nicht weniger bedeutungsvoll als das Unterbleiben eines ‚Eingriffs‘."[21] Zudem ist unbestreitbar, daß staatlichen Leistungsangeboten in Vielzahl ein eingriffsähnlicher Effekt zukommen kann, wenn sich der einzelne ihnen nicht oder nur unter Inkaufnahme von Nachteilen entziehen kann und so (faktisch-psychologisch) „gezwungen" ist, Leistungen in Anspruch zu nehmen, die er eigentlich ohne äußeren Anlaß von selbst nicht begehrt hätte.

Die Grundrechte können demnach ihre in Art. 1 Abs. 3 GG zum Ausdruck kommende Schutzfunktion nur erfüllen, wenn sie auch als Normen zur Disziplinierung staatlicher Steuerung durch Leistung verstanden werden. Ist aber der Grundrechtsschutz auch dann gegeben, wenn der Staat nicht mit „klassischen" Eingriffsmitteln, sondern mit Leistungsmaßnahmen auf die Freiheitssphäre der Grundrechtsträger einwirkt, so ist insofern die Unterscheidung zwischen Eingriff und Leistung des Staates grundrechtsdogmatisch unerheblich geworden[22]. Dementsprechend kann die Grundrechtserheblichkeit staatlicher Maßnahmen nicht mehr allein mit den für den Eingriffsstaat entwickelten Kriterien erfaßt werden. Das Bundesverfassungsgericht hat diesem Gesichtspunkt in seiner neueren Rechtsprechung[23] dadurch Rechnung getragen, daß es darauf abstellt, welche Bedeutung „für die Verwirklichung der Grundrechte" einer staatlichen Maßnahme zukommt[24].

---

[18] Vgl. dazu auch BVerfGE 58, S. 257 (272 ff.).
[19] Dazu etwa *Erichsen*, DVBl. 1983, S. 289 (290).
[20] BVerfGE 46, S. 120 (137/138).
[21] BVerfGE 40, S. 237 (249). Vgl. auch *Starck*, DÖV 1979, S. 269 (271).
[22] Vgl. auch BVerfGE 47, S. 46 (78 f.); 49, S. 89 (126); *Niehues*, DVBl. 1980, S. 465.
[23] Eher eingriffsorientiert noch BVerfGE 41, S. 251 (262 f.).
[24] BVerfGE 47, S. 46 (79); vgl. auch BVerfGE 56, S. 1 (13); 57, S. 295 (321); BVerwG DÖV 1981, S. 681 (682); BVerwGE 64, S. 308 (311); vgl. weiter Hess. VGH NJW 1976, S. 1856 (1857); *Starck*, DÖV 1979, S. 269 (271); *Nevermann*, VerwArch Bd. 71 (1980), S. 241 (247 ff., 253).

Grundrechtserheblich sind daher leistungsstaatliche Maßnahmen dann, wenn sie für die Verwirklichung grundrechtlicher Freiheit des Bürgers von Bedeutung sind. Maßnahmen im Bereich der Pflege und Erziehung sind demnach „grundrechtsrelevant", wenn sie die Rechtssphäre der betroffenen Eltern und Kinder „im Bereich der Grundrechtsausübung berühren"[25], wenn sie die für die Ausübung des grundrechtlich gewährleisteten Elternrechts erheblichen „Voraussetzungen" oder den „Rahmen" leistungsstaatlicher Tätigkeit festlegen[26].

4. Die Grundrechtsrelevanz von Organisation und Verfahren

Es besteht heute weitgehend Einigkeit darüber, daß die Verwirklichung von Grundrechten der organisations- und verfahrensrechtlichen Abstützung bedarf und sich die Schutzpflicht des Staates auch hierauf bezieht[27].

Auch das Bundesverfassungsgericht betont in letzter Zeit immer wieder die Organisation und Verfahren fordernde Dimension der Grundrechte. Zunächst hatte das Gericht unmittelbar aus der Eigentumsgarantie des Art. 14 Abs. 1 GG einen Anspruch auf effektiven Rechtsschutz hergeleitet[28]. Diesen Gedanken hat es später auch auf andere Grundrechte — etwa Art. 12 Abs. 1, 2 Abs. 2 GG — übertragen und außer für das gerichtliche auch für das Verwaltungsverfahren fruchtbar gemacht[29]. So legt das Gericht im Mülheim-Kärlich-Beschluß dar, daß nach seiner gefestigten Rechtsprechung „Grundrechtsschutz weitgehend auch durch die Gestaltung von Verfahren zu bewirken ist und daß die Grundrechte demgemäß nicht nur das materielle, sondern auch das Verfahrensrecht beeinflussen, soweit dieses für einen effektiven Grundrechtsschutz von Bedeutung ist". Dies bedeute zwar nicht, daß jeder Verfahrensfehler bereits als Grundrechtsverletzung zu beurteilen sei. Eine solche Verletzung komme aber dann in Betracht, wenn solche Verfahrensvorschriften außer acht gelassen würden, die der Staat in Erfüllung seiner Pflicht zum Schutz grundrechtlich gewährleisteter Rechtsgüter erlassen habe[30]. In der Asylrechtsentscheidung hat

---
[25] BVerfGE 58, S. 257 (274).
[26] BVerwGE 64, S. 308 (313).
[27] Vgl. etwa K. Hesse, EuGRZ 1978, S. 427 (434 f.); ders., in: Handbuch des Verfassungsrechts, 1983, S. 79 (100 ff.); Bethge, NJW 1982, S. 1; Lerche, Bayerisches Schulrecht und Gesetzesvorbehalt, 1981, S. 29 f.; Ossenbühl, DÖV 1981, S. 1 (5); Starck, JuS 1981, S. 237 (242); Goerlich, NJW 1981, S. 2616 f.; ferner bereits Häberle, VVDStRL Bd. 30 (1972), S. 43 (86 ff.); H. H. Rupp, AöR Bd. 101 (1976), S. 161 (183 ff., 187 ff.). Umfassend hierzu Held, Der Grundrechtsbezug des Verwaltungsverfahrens, 1984, S. 175 ff.: Pitschas, in: Konrad (Hrsg.), Grundrechtsschutz und Verwaltungsverfahren, 1985, S. 24 (47 ff.).
[28] Vgl. etwa BVerfGE 37, S. 132 (141, 148); 46, S. 325 (334); 49, S. 220 (225).
[29] Vgl. etwa BVerfGE 52, S. 380 (389 f.) m. zahlr. w. Nachw.
[30] Vgl. BVerfGE 53, S. 30 (65 f.).

das Bundesverfassungsgericht betont, daß „Grundrechte allgemein, sollen sie ihre Funktion in der sozialen Wirklichkeit erfüllen, geeigneter Organisationsformen und Verfahrensregelungen sowie einer grundrechtskonformen Anwendung des Verfahrensrechts, soweit dieses für einen effektiven Grundrechtsschutz von Bedeutung ist", bedürften[31]. In seiner Entscheidung zum saarländischen Rundfunkgesetz hat das Bundesverfassungsgericht schließlich dargelegt, daß die bloße Freiheit des Rundfunks von staatlicher Beherrschung und Einflußnahme die Gewährleistung der Rundfunkfreiheit allein nicht sicherstelle. „Es bedarf dazu vielmehr einer positiven Ordnung, welche sicherstellt, daß die Vielfalt der bestehenden Meinungen im Rundfunk in möglichster Breite und Vollständigkeit Ausdruck findet und daß auf diese Weise umfassende Information geboten wird. Um dies zu erreichen, sind materielle, organisatorische und Verfahrensregelungen erforderlich, die an der Aufgabe der Rundfunkfreiheit orientiert und deshalb geeignet sind zu bewirken, was Art. 5 Abs. 1 S. 1 GG gewährleisten will."[32]

Grundrechtsrelevanz kann daher auch der Gestaltung staatlicher Organisation[33] und Verfahren[34] zukommen. Sie ist in Anknüpfung an das oben zu leistungsstaatlichen Maßnahmen Ausgeführte dann gegeben, wenn die Gestaltung staatlicher Organisation oder des Verfahrens vor dem Vormundschaftsgericht oder dem Jugendamt für die Ausübung grundrechtlich gewährleisteter Freiheit von Bedeutung ist. Einschlägig ist dieser Ansatz etwa im Hinblick auf die gesetzgeberische Entscheidung über die Frage, wem ein Antragsrecht im Verfahren der Jugendhilfe zuerkannt werden darf.

C. Art. 6 Abs. 1 GG als Maßstabsnorm

Nach Art. 6 Abs. 1 GG stehen Ehe und Familie unter dem besonderen Schutz der staatlichen Ordnung. Ehe und Familie sind also Gegenstände verfassungsrechtlicher Gewährleistung.

1. Die Vielfalt der Regelungsgehalte des Art. 6 Abs. 1 GG

Nach dem Wortlaut der Vorschrift werden zwei Lebensgemeinschaften verfassungsrechtlich dem Schutz des sozialgestaltenden Staates befohlen. Art. 6 Abs. 1 GG hat insoweit einmal die Qualität einer (wertentscheidenden) *Grundsatznorm*[35].

---

[31] Vgl. BVerfGE 56, S. 216 (236).
[32] Vgl. BVerfGE 57, S. 295 (320).
[33] Vgl. auch *Lerche*, Bayerisches Schulrecht und Gesetzesvorbehalt, 1981, S. 54 ff.; *Starck*, DÖV 1979, S. 269 (271).
[34] Vgl. auch BayVerfGH NJW 1980, S. 1838 (1839).
[35] BVerfGE 6, S. 55 (72); seitdem st. Rspr., vgl. etwa BVerfGE 53, S. 224

Es besteht indes Einigkeit darüber, daß Art. 6 Abs. 1 GG sich nicht darin erschöpft. Das Bundesverfassungsgericht hat von Anfang an dieser Bestimmung auch den *abwehrrechtlichen Gehalt* des klassischen Grundrechts zugemessen und betont, daß diese Vorschrift dem Schutz der spezifischen Privatsphäre von Ehe und Familie vor äußerem Zwang durch den Staat dienen soll[36]. Das Bekenntnis zu Ehe und Familie schließt zugleich die verfassungsrechtliche Gewährleistung dieser beiden „Lebensordnungen" ein; Art. 6 Abs. 1 enthält also auch eine sog. *Instituts- oder Einrichtungsgarantie*[37].

Die mit Art. 6 Abs. 1 GG verbundene Vielfalt von Regelungsgehalten[38] führt nicht notwendig zur Verstärkung seiner Geltungs- und Wirkkraft. Sie birgt vielmehr die Gefahr der wechselseitigen Relativierung[39]. Um ihr vorzubeugen, muß man sich das Verhältnis der vorstehend gekennzeichneten Regelungsgehalte des Art. 6 Abs. 1 GG vergegenwärtigen. Dabei kann hier dahingestellt bleiben, ob es neben der in Art. 19 Abs. 2 GG enthaltenen Garantie des objektiv-rechtlichen Gewährleistungsbestandes von Grundrechtsnormen[40] noch der Annahme von Instituts- oder institutionellen Garantien bedarf[41]. Allerdings besteht, soweit es um die subjektiv-abwehrrechtliche Gewährleistung und die Institutsgarantie des Art. 6 Abs. 1 GG geht, nicht in jeder Hinsicht Inhaltsidentität. Während das subjektive Abwehrrecht des Art. 6 Abs. 1 GG gegenüber der vollziehenden Gewalt und Rechtsprechung die Familie in ihrem jeweils gesetzlich definierten Bestand schützt, entfalten Instituts- und Wesensgehaltsgarantie Wirkkraft gegenüber dem Gesetzgeber und damit notwendigerweise nicht nach Maßgabe von ihm (dem Gesetzgeber) definierter Inhalte.

---

(248); 61, S. 18 (25); vgl. weiter *Maunz*, in: Maunz/Dürig, GG, Stand Jan. 1985, Art. 6 Rdn. 6; *E. M. v. Münch*, in: v. Münch, GG, Bd. 1, 3. Aufl. 1985, Art. 6 Rdn. 10.

[36] BVerfGE 6, S. 55 (71). Ebenso etwa BVerfGE 31, S. 58 (67); 56, S. 363 (382). Vgl. auch *Maunz*, in: Maunz/Dürig, GG, Stand Jan. 1985, Art. 6 Rdn. 6; *E. M. v. Münch*, in: v. Münch, GG, Bd. 1, 3. Aufl. 1985, Art. 6 Rdn. 8; *Lecheler*, FamRZ 1979, S. 1 (2).

[37] BVerfGE 6, S. 55 (72). Ebenso etwa BVerfGE 31, S. 58 (67); 62, S. 323 (329). Vgl. dazu *Krause*, JZ 1984, S. 711 (712) m. w. Nachw. aus der Rspr. des BVerfG. Vgl. auch *Maunz*, in: Maunz/Dürig, GG, Stand Jan. 1985, Art. 6 Rdn. 6; *E. M. v. Münch*, in: v. Münch, GG, 3. Aufl. 1985, Art. 6 Rdn. 5; *Lecheler*, FamRZ 1979 S. 1 (2).

[38] Ausführlich dazu *Assmann*, Formen und rechtliche Komponenten der Familienpolitik, 1974, S. 22—29.

[39] Vgl. auch *Zeidler*, in: Handbuch des Verfassungsrechts, 1983, S. 555 (557 f.).

[40] Vgl. dazu *Erichsen*, Staatsrecht und Verfassungsgerichtsbarkeit I, 3. Aufl. 1982, S. 199 f.

[41] Vgl. BVerfGE 58, S. 300 (348), wo darauf hingewiesen wird, daß dann, wenn die sich aus der Instituts- und Bestandsgarantie ergebenden Grenzen beachtet werden, ein Verstoß gegen Art. 19 Abs. 2 GG nicht vorliegen könne. Vgl. dazu auch *Schmidt-Jortzig*, Die Einrichtungsgarantien der Verfassung, 1979, S. 59 ff.

Andererseits wird die Familie in Art. 6 Abs. 1 GG nicht als bloßes soziales Phänomen, sondern als rechtlich verfaßte und geordnete Einrichtung des sozialen Lebens in eine verfassungsrechtliche Gewährleistung einbezogen[42]. Aus diesem Grunde kann die Familie zum einen nicht verfassungskräftig gegen jegliche gesetzliche Ingerenz abgeschirmt, im Verhältnis zum Staat „impermeabel" sein[43]; es kann aber zum anderen auch keine gesetzgeberische Beliebigkeit im Regelungsbereich des Art. 6 Abs. 1 GG geben[44].

2. Der Gewährleistungsinhalt des Art. 6 Abs. 1 GG

Damit stellt sich die Frage nach dem verfassungskräftig festgelegten Gewährleistungsgehalt des mit dem Begriff „Familie" umschriebenen Schutzgutes von Art. 6 Abs. 1 GG. Die zusammenschauende Betrachtung von Art. 6 Abs. 1 und Art. 6 Abs. 2 S. 1 GG läßt zunächst deutlich werden, daß mit Familie die aus Eltern und Kindern bestehende Gemeinschaft, also die sog. Kleinfamilie gemeint ist[45].

Die Gewährleistung einer rechtlich verfaßten und geordneten Einrichtung durch die Verfassung kann immer nur an ihre im Zeitpunkt der Verfassungsgebung vorhandene, in der Regel im Laufe einer geschichtlichen Entwicklung entstandene Gestalt anknüpfen. Die verfassungsrechtliche Instituts- bzw. die auf einen objektiv-rechtlichen Bestand gerichtete Wesensgehaltsgarantie verlangt daher bei ihrer Rechtsinhaltsbestimmung in besonderer Weise Berücksichtigung der Gesichtspunkte dogmengeschichtlicher und genetischer Interpretation[46]. So hat schon *Carl Schmitt* — allerdings im Hinblick auf die institutionellen Garantien — darauf hingewiesen, „daß gewisse typische Merkmale, wie sie sich in der geschichtlichen Entwicklung als charakteristisch

---

[42] Vgl. etwa BVerfGE 36, S. 146 (161 f.). Vgl. auch *E. Scheffler*, in: Bettermann/Nipperdey/Scheuner, Die Grundrechte, IV/1, 1960, S. 245 (249); *Assmann*, Formen und rechtliche Komponenten der Familienpolitik, 1974, S. 21.

[43] So aber *Geiger*, Elterliche Erziehungsverantwortung, S. 9 (10).

[44] Vgl. BVerfGE 36, S. 146 (162); *Zuck*, FamRZ 1979, S. 873 ff.

[45] So auch BVerfGE 10, S. 59 (66); 18, S. 97 (105); 24, S. 119 (135); 48, S. 327 (339). Ebenso die h. M. in der Lit., vgl. nur *M. v. Münch*, in: v. Münch, GG, Bd. 1, 3. Aufl. 1985, Art. 6 Rdn. 4; *E. Scheffler*, in: Bettermann/Nipperdey/Scheuner, Die Grundrechte, IV/1, 1960, S. 245 (252); *Maunz*, in: Maunz/Dürig, GG, Stand Jan. 1985, Art. 6 Rdn. 16; *Assmann*, Formen und rechtliche Komponenten der Familienpolitik, 1974, S. 31. A. A. *Richter*, in: Alternativ-Kommentar zum GG, 1984, Art. 6 Rdn. 15 a; *Pirson*, in: Bonner Kommentar (Zweitbearbeitung), Art. 6 Rdn. 21 ff.

[46] Ebenso *Lecheler*, FamRZ 1979 S. 1 (3). Hinsichtlich der institutionellen Garantie des Berufsbeamtentums wird dies in Art. 33 Abs. 5 GG ausdrücklich festgelegt. Vgl. dazu *Erichsen*, DVBl. 1980, S. 723 (724) m. w. Nachw. Zur institutionellen Garantie der kommunalen Selbstverwaltung vgl. BVerfGE 7, S. 358 (364); 11, S. 266 (274); 22, S. 180 (205); 59, S. 216 (226).

herausgebildet haben", geschützt werden sollen[47]. Auch das Bundesverfassungsgericht hat im Hinblick auf die Institutsgarantie des Eigentums betont, daß sie einen „Grundbestand von Normen" sichere, die „das Eigentum im Sinne dieser Grundrechtsbestimmung umschreiben"[48]. „Das Grundrecht des Einzelnen setzt das Rechtsinstitut ‚Eigentum' voraus; es wäre nicht wirksam gewährleistet, wenn der Gesetzgeber an die Stelle des Privateigentums etwas setzen könnte, was den Namen ‚Eigentum' nicht mehr verdient."[49]

Dementsprechend darf der Gesetzgeber durch gesetzliche Regelungen das verfassungsrechtlich gewährleistete Institut der Familie nicht in einer Weise umformen, daß die neue Einrichtung den Namen „Familie" im überlieferten Sinne nicht mehr verdient. Art. 6 Abs. 1 GG gewährleistet vielmehr einen Kernbestand der Normen des überlieferten Ehe- und Familienrechts. So hat das Bundesverfassungsgericht im Hinblick auf das in Art. 6 Abs. 1 GG gewährleistete Institut der Ehe ausgeführt: „Die Verwirklichung der Wertentscheidung des Art. 6 Abs. 1 GG bedarf einer allgemeinen familienrechtlichen Regelung, welche diejenige Lebensgemeinschaft zwischen Mann und Frau, die als Ehe den Schutz der Verfassung genießt, rechtlich definiert und abgrenzt. Diese Regelung muß aber die wesentlichen, das Institut der Ehe bestimmenden Strukturprinzipien beachten, die sich aus der Anknüpfung des Art. 6 Abs. 1 GG an vorgefundene, überkommene Lebensformen in Verbindung mit dem Freiheitscharakter des verbürgten Grundrechts und anderen Verfassungsnormen ergeben. Mag auch das hergebrachte bürgerliche Recht weitgehend mit diesen Strukturprinzipien übereinstimmen, so kann nicht umgekehrt der Inhalt der Institutsgarantie überhaupt erst aus dem einfachen Recht erschlossen werden, so daß dieses niemals der Verfassung widersprechen könnte. Vielmehr müssen die einzelnen Regelungen des bürgerlichen Rechts an Art. 6 Abs. 1 GG als vorrangiger, selbst die Grundprinzipien enthaltender Leitnorm gemessen werden."[50]

Der in der Institutsgarantie bzw. in der auf den objektiv-rechtlichen Bestand gerichteten Wesensgehaltsgarantie angelegte normative Anspruch verträgt somit nur in Grenzen die gesetzgeberische Anpassung an den Wandel gesellschaftlicher Anschauungen[51]. Änderungen prägen-

---

[47] Freiheitsrechte und institutionelle Garantien der Reichsverfassung, in: Rechtswissenschaftliche Beiträge zum 25jährigen Bestehen der Handels-Hochschule Berlin, 1931, S. 1 (7). Zur Institutsgarantie ebd., S. 25 ff.
[48] BVerfGE 26, S. 215 (222); vgl. auch BVerfGE 24, S. 367 (389).
[49] BVerfGE 24, S. 367 (389).
[50] BVerfGE 36, S. 146 (162).
[51] *Pirson*, in: Bonner Kommentar (Zweitbearbeitung), Art. 6 Rdn. 3 und 6, leitet dieses Ergebnis nicht aus der Institutsgarantie ab, sondern aus der Funktion des Art. 6 Abs. 1 GG als verfassungsrechtlicher Wertentscheidung.

der Strukturen der Einrichtungen bedürfen des verfassungsändernden Gesetzes⁵².

Auch bereits unter der Geltung des Art. 119 WRV, dessen Absatz 1 die Ehe unter den „besonderen Schutz der Verfassung" stellte, war anerkannt, daß der Staat ohne Verfassungsänderung die wesentlichen Merkmale der Ehe in ihrem überlieferten Sinn nicht antasten dürfte⁵³. Die Familie hatte am Institut der Ehe und dessen verfassungsrechtlicher Garantie insofern teil, als Art. 119 Abs. 1 S. 1 WRV die Ehe gerade wegen ihrer Bedeutung „als Grundlage des Familienlebens" dem Schutze des Staates empfahl und Art. 119 Abs. 2 S. 1 WRV darüber hinaus die „Reinerhaltung, Gesundung und soziale Förderung" der Familie zur Aufgabe des Staates machte. Die Frage der Abänderbarkeit des traditionellen Familienbegriffs durch den Gesetzgeber war damit nicht anders zu entscheiden als dies im Hinblick auf die überkommenen Strukturen der Ehe der Fall war: ihre grundlegenden Strukturen waren von Verfassungs wegen zu erhalten. Wenngleich die weiteren — oben dargestellten — Regelungsgehalte des Art. 6 Abs. 1 GG in Art. 119 WRV keine Grundlage fanden und Art. 6 Abs. 1 GG im Gegensatz zu Art. 119 WRV insbesondere mehr als bloße Programmsatzqualität zukommt⁵⁴, so knüpft er, was die Folgerungen aus der in ihm enthaltenen Institutsgarantie betrifft, an den Gewährleistungsinhalt des Art. 119 WRV an.

Dabei ist allerdings zu berücksichtigen, daß die grundgesetzliche Gewährleistung der Familie nicht allein steht, sondern daß sie eingebunden ist in das Verfassungsganze. So kann es zwar nicht zu einer Kollision von verfassungsrechtlich gewährleistetem Elternrecht und Kindesgrundrechten kommen, denn im Verhältnis Eltern-Kinder gelten die Kindesgrundrechte nicht unmittelbar⁵⁵. Andererseits können die in den Grundrechtsnormen zum Ausdruck kommenden Wertsetzungen in Verbindung mit dem Sozialstaatsgebot zu einer Verpflichtung

---

⁵² Ebenso *Lecheler*, FamRZ 1979, S. 1 (4). Zu den Ehe und Familie prägenden Strukturelementen vgl. *E. Scheffeler*, in: Bettermann/Nipperdey/Scheuner, Die Grundrechte, IV/1, 1960, S. 245 (257 ff.); *Maurer*, in: Evangelisches Staatslexikon, 2. Aufl. 1975, Stichwort: Ehe und Familie, Sp. 489 (497); *Pirson*, in: Bonner Kommentar (Zweitbearbeitung), Art. 6 Rdn. 12 ff., 19 ff.

⁵³ *Anschütz*, Die Verfassung des Deutschen Reiches, 14. Aufl. 1933, Art. 119 Anm. 1. Vgl. dazu auch *Boehmer*, in: Bettermann/Nipperdey/Scheuner, Die Grundrechte, II, 1954, S. 401 (404).

⁵⁴ Vgl. zum Charakter des Art. 119 WRV als Gesetzgebungsprogramm und -richtlinie *Anschütz*, Die Verfassung des Deutschen Reiches, 14. Aufl. 1933, Art. 119 Anm. 3; vgl. dazu auch *E. Scheffler*, in: Bettermann/Nipperdey/ Scheuner, Die Grundrechte, IV/1, 1960, S. 245 (253).

⁵⁵ So auch *Ossenbühl*, Das elterliche Erziehungsrecht, S. 55 f., 61; *Schmitt-Kammler*, Elternrecht, S. 23. Vgl. weiter *Dürig*, in: Maunz/Dürig, GG, Stand Jan. 1985, Art. 19 Abs. III Rdn. 18, 20; *Lüderitz*, AcP Bd. 178 (1978), S. 262 (270); *H. Peters*, in: Bettermann/Nipperdey/Scheuner, Die Grundrechte, IV/1, 1960, S. 369 (393 ff.).

des Staates führen, unter Beachtung der in Art. 6 Abs. 1 und 2 GG zugunsten der Familie und in den übrigen Grundrechten zugunsten der einzelnen Familienmitglieder erfolgenden Wertsetzungen den normativen Rahmen zu schaffen, in dem Konflikte unter Ehegatten, etwa im Sinne der durch Art. 3 Abs. 2 GG geforderten Gleichberechtigung[56], sowie im Verhältnis Eltern-Kinder ausgetragen werden können[57].

D. Art. 6 Abs. 2 S. 1 GG als Maßstabsnorm

Gemäß Art. 6 Abs. 2 S. 1 GG sind Pflege und Erziehung der Kinder das natürliche Recht der Eltern und die zuvörderst ihnen obliegende Pflicht.

1. Die Gewährleistung des Elternrechts als „natürliches Recht"

Es stellt sich die Frage, was Art. 6 Abs. 2 S. 1 GG meint, wenn dort von dem „natürlichen" Recht der Eltern die Rede ist. Diese bereits in Art. 120 WRV enthaltene Formulierung hat auch im Hinblick auf das Grundgesetz Anlaß zur Annahme eines präkonstitutionellen naturrechtlichen Elternrechts gegeben[58]. Das Bundesverfassungsgericht führt aus, daß „dieses ‚natürliche Recht' den Eltern nicht vom Staat verliehen worden ist, sondern von diesem als vorgegebenes Recht anerkannt wird"[59].

Diese Auffassungen wollen indes offenbar nicht in Abrede stellen, daß innerstaatlicher Geltungsgrund des Elternrechts Art. 6 Abs. 2 S. 1 GG ist. Ob es darüber hinaus ein vorkonstitutionelles Elternrecht gibt, ist für eine Untersuchung de constitutione lata, was Geltungsgrund und -rang betrifft, allenfalls von akademischer Bedeutung. Allerdings bedarf die Frage im Zusammenhang mit der Bestimmung von Reichweite und Umfang des Elternrechts der Beantwortung, weil im Falle einer Inkorporation naturrechtlichen, jedenfalls vorstaatlichen Elternrechts auch dessen Inhalte rezipiert worden wären. So ist im Zusammenhang mit Art. 120 WRV die These vertreten worden, mit dem Rückgriff auf das „natürliche Recht" sei ein bestimmtes Verständnis der katholischen Naturrechtslehre von der Verfassung für maßgebend erklärt worden[60]. Man wird demgegenüber zunächst darauf hinzuweisen haben, daß das Elternrecht mit der Aufnahme in das Grundgesetz in

---

[56] Vgl. BVerfGE 3, S. 225 (242); 6, S. 55 (82); 10, S. 59 (67); 22, S. 93 (98); 35, S. 382 (408).
[57] Vgl. auch BVerfGE 60, S. 79 (88).
[58] Vgl. *Maunz*, in: Maunz/Dürig, GG, Stand Jan. 1985, Art. 6 Rdn. 22; *H. Peters*, in: Bettermann/Nipperdey/Scheuner, Die Grundrechte, IV/1, 1960, S. 369 (373 ff.).
[59] BVerfGE 59, S. 360 (376); 60, S. 79 (88).
[60] So *J. Mausbach*, Kulturfragen in der deutschen Verfassung, 1920, S. 44.

ein verfassungsrechtliches Sinngefüge einbezogen worden ist, welches für seine Auslegung nicht außer acht gelassen werden darf[61]. Dieser jedenfalls zu Modifikationen der in ihren Konturen sehr diffusen[62] naturrechtlichen Vorgabe führende Befund kann jedoch außer Betracht bleiben, wenn von einer Inkorporation der naturrechtlichen Vorgabe durch die Formulierung „natürliches Recht" nicht die Rede sein kann.

Insoweit setzt sich ausgehend von den Materialien[63] zunehmend im Anschluß an eine Äußerung des Bundesverfassungsgerichts die Auffassung durch, daß das Elternrecht des Art. 6 Abs. 2 S. 1 GG aus der in der Regel naturbegründeten, biologischen Eltern-Kind-Beziehung herzuleiten ist. „Der Verfassungsgeber geht davon aus, daß diejenigen, die einem Kind das Leben geben, von Natur aus bereit und berufen sind, die Verantwortung für seine Pflege und Erziehung zu übernehmen."[64] Die Anlehnung an einen vorverfassungsmäßig vorhandenen biologischen Regelbefund schließt nicht aus, die verfassungsrechtliche Gewährleistung *zugleich* auf diejenigen Beziehungen zu erstrecken, in denen die Berufung zur Übernahme dieser Verantwortung zwar nicht durch Geburt und Zeugung begründet wird, in denen aber aus anderen Gründen dieses verfassungsrechtlich gemeinte Ergebnis einer natürlichen Eltern-Kind-Beziehung herbeigeführt wird[65]. Dementsprechend sind Eltern im Sinne des Art. 6 Abs. 2 S. 1 GG auch *Adoptiveltern*. So hat das Bundesverfassungsgericht ausgeführt: „Eltern, die im Sinne des Grundgesetzes diesen Namen verdienen, weil sie bereit sind, die mit dem Elternrecht untrennbar verbundenen Pflichten auf sich zu nehmen ..., erhält das Kind ... durch die Adoption."[66]

Umstritten ist hingegen die verfassungsrechtliche Stellung der *Pflegeeltern*[67]. Welche Rechtsbeziehungen auch immer zwischen ihnen und den leiblichen Eltern bestehen mögen, sie sind nicht geeignet zur Übertragung von Grundrechtspositionen. Andererseits können zwischen dem Kind und seinen Pflegeeltern bei länger andauerndem Pflegeverhältnis Bindungen entstehen, die denen einer natürlichen Eltern-Kind-Beziehung nahekommen[68]. Innerhalb einer solchen „sozialen Familie"[69] kann

---

[61] Vgl. auch *E.-W. Böckenförde*, Elternrecht, S. 54 (70).
[62] Vgl. dazu BVerfGE 10, S. 59 (81).
[63] Vgl. JöR NF Bd. 1, S. 100, 102 ff.
[64] BVerfGE 24, S. 119 (150); vgl. auch *E.-W. Böckenförde*, Elternrecht, S. 54 (70); *Ossenbühl*, Das elterliche Erziehungsrecht, S. 46; *Stober*, NVwZ 1982, S. 473 (476); *Schmitt-Kammler*, Elternrecht, S. 15.
[65] Vgl. auch BVerfGE 56, S. 363 (382, 383); 68, S. 176 (187).
[66] BVerfGE 24, S. 119 (150).
[67] Vgl. *E. M. v. Münch*, in: v. Münch, GG, 3. Aufl. 1985, Art. 6 Rdn. 21; BVerfGE 68, S. 176 (187) m. Bespr. *Salgo*, NJW 1985, S. 413 (415 m. w. N.).
[68] Vgl. OLG Karlsruhe FamRZ 1979, S. 57.
[69] BVerfGE 68, S. 176 (187).

dann den Pflegeeltern der grundrechtliche Schutz des Art. 6 Abs. 1 GG zuzuerkennen sein[70]. Die grundrechtliche Umhegung der Pflegefamilie führt allerdings nicht zu einem Entzug des Grundrechtsschutzes auf seiten der leiblichen Eltern. Es kann daher zu Kollisionen kommen, die unter Berücksichtigung der verfassungsrechtlichen Wertungsvorgaben[71] durch den Gesetzgeber aufzulösen sind[72].

Auch dem *Scheinvater* kommt, solange er die Ehelichkeit nicht wirksam angefochten hat und daher zu vermuten ist, daß er seine Verantwortlichkeit gegenüber dem Kind anerkennt, der verfassungsrechtliche Schutz des Art. 6 Abs. 2 S. 1 GG zu[73].

Steht die verfassungsmäßige Garantie des Elternrechts also in engem Zusammenhang mit der Bereitschaft zur verantwortungsvollen Gestaltung des Eltern-Kind-Verhältnisses, so ist angesichts der aus dieser Ergebnisbezogenheit zu begründenden Offenheit der verfassungsrechtlichen Gewährleistung Verwandtschaft *allein* kein entscheidendes Kriterium für die Innehabung des Rechts aus Art. 6 Abs. 2 S. 1 GG[74]. Eine bürgerlich-rechtliche Regelung, die den blutsverwandten, nicht zur häuslichen Gemeinschaft gehörenden und an der Verantwortung gegenüber seinem nichtehelichen Kinde nicht interessierten Vater von der elterlichen Sorge ausschließt und diese allein der Mutter überträgt, ist insoweit verfassungsrechtlich unbedenklich, da ein solcher Vater sich nicht auf den Schutz des Art. 6 Abs. 2 S. 1 GG berufen kann[75]. Da hingegen nach Auffassung des Bundesverfassungsgerichts demjenigen Vater eines nichtehelichen Kindes, der zur Übernahme einer Elternverantwortung bereit ist, das Grundrecht des Art. 6 Abs. 2 S. 1 GG zusteht[76], bestehen gegen § 1705 BGB, der, ohne zu differenzieren, *jeden* Vater eines nichtehelichen Kindes von der elterlichen Sorge ausschließt, verfassungsrechtliche Bedenken[77].

Die verfassungsrechtliche Gewährleistung des Elternrechts als eines „natürlichen Rechts", „über deren Betätigung die staatliche Gemeinschaft wacht", erlangt darüber hinaus — insofern herrschte bereits im Hinblick auf die Interpretation des Art. 120 WRV Übereinstimmung — Bedeutung als Absage an „Lehren des sozialistischen Radikalismus, der die Jugenderziehung unter Aufhebung des Elternrechts und Spren-

---

[70] Vgl. BVerfGE 68, S. 176 (187 f.) m. Bespr. *Salgo*, NJW 1985, S. 413 (415).
[71] Grundsätzlicher Vorrang für die sorgeberechtigten Eltern, so BVerfGE 68, S. 176 (188).
[72] Vgl. BVerfGE 68, S. 176 (187).
[73] So auch BVerfGE 24, S. 135 (136).
[74] So BVerfGE 56, S. 363 (383).
[75] BVerfGE 56, S. 363 (383).
[76] BVerfGE 56, S. 363 (384).
[77] Vgl. auch *Schwaiger*, EuGRZ 1982, S. 1 (3 ff.); *Schmitt-Kammler*, Elternrecht, S. 15 Fn. 19; a. A. BVerfGE 56, S. 363 (380 ff.).

gung des Familienverbandes zur Staatssache machen will"[78]. Dies gilt für die Interpretation des Art. 6 Abs. 2 S. 1 GG, der sich — nach den Erfahrungen der jüngeren Geschichte — als Abkehr von der Verstaatlichung der Erziehung im Nationalsozialismus versteht[79] in gleicher Weise, ist doch auch nach Art. 6 Abs. 2 S. 2 GG die staatliche Gemeinschaft auf die *Überwachung* des elterlichen Verhaltens beschränkt[80].

2. Die Regelungsgehalte des Art. 6 Abs. 2 S. 1 GG

Wie im Hinblick auf Art. 6 Abs. 1 GG bereits ausgeführt[81], begründet auch Art. 6 Abs. 2 S. 1 GG ein subjektiv-rechtliches Abwehrrecht. Es steht den Eltern gegenüber staatlicher Einwirkung — sei es durch Eingriff oder durch Leistung — in dem ihnen reservierten Bereich zu. Es ist insoweit für das Verhältnis des Kindes zu seinen Eltern ohne Bedeutung[82]. Darüber hinaus enthält auch Art. 6 Abs. 2 S. 1 GG einen objektiv-rechtlichen Regelungsgehalt insofern, als er — ggf. in Verbindung mit Art. 19 Abs. 2 GG — das natürliche Elternrecht als solches, als Institut, in seinem Fortbestand gewährleistet[83]. Anders als Art. 6 Abs. 1 GG gewährleistet Art. 6 Abs. 2 S. 1 GG indessen nicht in erster Linie ein in seiner rechtlichen Strukturierung zwar überliefertes und insoweit weitgehend unantastbares, aber doch auch der Anpassung durch einfaches Recht an sich verändernde gesellschaftliche Umstände zugängliches Institut. Vielmehr sind wegen des Rückgriffs auf den „natürlichen" Befund und die in Art. 6 Abs. 2 S. 1 GG mit den Begriffen „Pflege und Erziehung" erfolgende Konturierung des Elternrechts die dem Gesetzgeber verbleibenden Möglichkeiten im wesentlichen auf die Abbildung und Entfaltung der verfassungsrechtlichen Vorgabe beschränkt[84].

3. Der Gewährleistungsinhalt des Art. 6 Abs. 2 S. 1 GG

Ob und inwieweit staatliche Einwirkung in die Familie und auf die Kindesentwicklung das Elternrecht des Art. 6 Abs. 2 S. 1 GG beein-

---

[78] Vgl. *Anschütz*, Die Verfassung des Deutschen Reichs, 14. Aufl. 1933, Art. 120 Anm. 1.
[79] Vgl. *Schmitt Glaeser*, Das elterliche Erziehungsrecht, S. 37 m. zahlr. weit. Nachw.
[80] So auch *E.-W. Böckenförde*, Elternrecht, S. 54 (70 Fn. 76); *Ossenbühl*, Das elterliche Erziehungsrecht, S. 47; *Schmitt-Kammler*, Elternrecht, S. 16. Vgl. auch den Inhalt der Äußerungen im Zweiten Familienbericht der Bundesregierung, BT-Drucks. 7/3502, S. 120, die allerdings später zurückgezogen wurden.
[81] Siehe oben, S. 23.
[82] So auch *E.-W. Böckenförde*, Elternrecht, S. 54 (59).
[83] Vgl. auch *Ossenbühl*, Das elterliche Erziehungsrecht, S. 43, 126 m. w. Nachw.; *Schmitt-Kammler*, Elternrecht, S. 18 f.
[84] In diese Richtung gehen auch die Ausführungen von *Schmitt-Kammler*, Elternrecht, S. 18 f.

trächtigen, hängt von der Reichweite des Regelungsbereichs dieses Grundrechts und seinen möglichen Begrenzungen ab.

a) Pflege und Erziehung als Inhalt des Elternrechts

Es besteht weitgehend Einigkeit darüber, daß mit der Formulierung „Pflege und Erziehung" den Eltern die gesamte Sorge für das leibliche und seelische Wohl sowie für die charakterliche und geistige Entfaltung des Kindes, kurz: die Sorge für die Person und die Entwicklung der Persönlichkeit des Kindes anvertraut ist[85].

Das in Art. 6 Abs. 2 S. 1 GG gewährleistete Recht der Eltern auf „Pflege und Erziehung der Kinder" bezieht sich auf die Erziehung in der Familie und durch sie; es schließt aber auch den außerhalb der Familie stattfindenden Erziehungsprozeß ein[86] und erstreckt sich damit grundsätzlich auch auf den schulischen Bereich[87].

Unter „Pflege" wird dabei im allgemeinen die physische Existenzsicherung[88], die allgemeine Sorge für die Person des Kindes, für dessen körperliches Wohl[89] verstanden, während mit „Erziehung" die planmäßige, mehr formende geistig-seelische Einwirkung insbesondere im

---

[85] Vgl. etwa BVerwGE 22, S. 235 (236); Hess. StGH NJW 1982, S. 1381 (1382); *H. Peters*, in: Bettermann/Nipperdey/Scheuner, Die Grundrechte, IV/1, 1960, S. 369 (381); *Maunz*, in: Maunz/Dürig, GG, Stand Jan. 1985, Art. 6 Rdn. 24; *E. M. v. Münch*, in: v. Münch, GG, Bd. 1, 3. Aufl. 1985, Art. 6 Rdn. 16; *Erichsen*, Verstaatlichung der Kindeswohlentscheidung?, 2. Aufl. 1979, S. 12; *E.-W. Böckenförde*, Elternrecht, S. 54 (59); *Ossenbühl*, Das elterliche Erziehungsrecht, S. 48; *Schmitt Glaeser*, Das elterliche Erziehungsrecht, S. 7.

[86] Vgl. *Erwin Stein*, in: Stein/Joest/Dombois, Elternrecht, 1958, S. 50; *Maunz*, in: Maunz/Dürig, GG, Stand Jan. 1985, Art. 6 Rdn. 29; *Fehnemann*, DÖV 1978, S. 489 (490).

[87] Vgl. BVerfGE 34, S. 165 (183); bestätigt in BVerfGE 59, S. 360 (378). Vgl. auch BVerfGE 41, S. 29 (44); 47, S. 46 (74); 52, S. 223 (235 f.); BVerwGE 5, S. 153 (155 f.); 18, S. 40 (42); BVerwG NJW 1981, S. 1056; BVerwG NJW 1982, S. 1410 (1411); OVG Berlin DVBl. 1973, S. 273 (274); *Faller*, EuGRZ 1981, S. 611 (615); *Evers*, Die Befugnis des Staates zur Festlegung von Erziehungszielen in der pluralistischen Gesellschaft, 1979, S. 68 ff.; *Fehnemann*, DÖV 1978, S. 489 ff.; *dies.*, AöR Bd. 105 (1980), S. 529 (536 ff.); *Oppermann*, Gutachten, in: Verhandlungen des einundfünfzigsten Deutschen Juristentages, Band I, 1976, C 98; *Hennecke*, Staat und Unterricht, 1972, S. 184; *Maunz*, Das Elternrecht als Verfassungsproblem, in: Festschrift für Scheuner, 1973, S. 419 (424 f., 428) und dens., in: Maunz/Dürig, GG, Stand Jan. 1985, Art. 6 Rdn. 25 d, 27 ff.; *Wimmer*, DVBl. 1967, S. 809 (813); *Schmitt-Kammler*, Elternrecht, S. 51 ff.

[88] *Schmitt-Kammler*, Elternrecht, S. 19.

[89] *Ossenbühl*, Das elterliche Erziehungsrecht, S. 48; *E. M. v. Münch*, in: v. Münch, GG, Bd. 1, 3. Aufl. 1985, Art. 6 Rdn. 16; Hess. StGH NJW 1982, S. 1381 (1382); *Maunz*, in: Maunz/Dürig, GG, Stand Jan. 1985, Art. 6 Rdn. 24 faßt demgegenüber auch die Sorge für die geistige und charakterliche Entwicklung des Kindes hierunter; ebenso *H. Peters*, in: Bettermann/Nipperdey/Scheuner, Die Grundrechte, IV/1, 1960, S. 369 (381).

religiös-sittlich-weltanschaulich-politischen Bereich gemeint ist, die zur Entfaltung der Fähigkeiten des Kindes und der Bildung seiner Persönlichkeit führen soll[90].

Auch unter Berücksichtigung der im einzelnen obwaltenden Unterschiede der Auffassungen dürfte doch weitgehend Einigkeit darüber bestehen, daß mit der Formulierung „Pflege und Erziehung" ein begrifflicher Rahmen gegeben ist, der nicht jedes Verhalten der Eltern im Verhältnis zu ihren Kindern abdeckt[91]. Pflege und Erziehung verlangen ein förderndes Einwirken der Eltern auf das Kind. Ob dieses Einwirken notwendig einseitig sein muß, wie *E.-W. Böckenförde* annimmt[92], ist fraglich. Zwar umschließen „Pflege und Erziehung" im Verhältnis zum Kind den Letztentscheid und — für den Regelfall — dessen Durchsetzung und damit ein Essentiale der Herrschaft[93]. Dieser Befund schließt indes allenfalls bei einem bestimmten, aber nicht notwendigerweise gebotenen Verständnis des Herrschaftsbegriffs[94] die Annahme altruistischer Ausrichtung des Elternrechts aus[95]. Die altruistische Ausrichtung ist zweifelsfrei ein wesentliches Merkmal von Pflege und Erziehung. Es ist indes nicht das einzige Charakteristikum. Pflege und Erziehung sind zugleich geeignet, dem dazu Berufenen Befriedigung in der Erfüllung der gestellten Aufgabe, in dem Erfolg vermittelter Zuwendung zu gewähren. Insoweit bieten Pflege und Erziehung des Kindes auch den Eltern die Möglichkeit zur Selbstverwirklichung und Daseinserfüllung, sind Pflege und Erziehung auch eigennützig[96]. Mit

---

[90] Vgl. *Ossenbühl*, Das elterliche Erziehungsrecht, S. 48; *Schmitt-Kammler*, Elternrecht, S. 19; Hess. StGH NJW 1982, S. 1381 (1382); *Schmitt Glaeser*, Das elterliche Erziehungsrecht, S. 7; *Maunz*, in: Maunz/Dürig, GG, Stand Jan. 1985, Art. 6 Rdn. 24. Demgegenüber betrifft nach Hansmann, Verfassungsrechtliche Schranken öffentlicher Jugendfürsorge, Diss. iur. Münster 1967, S. 28, „Erziehung" die Weiterentwicklung des Jugendlichen sowohl auf körperlichem als auch auf geistigem Gebiet und „Pflege" die Maßnahmen zur Erhaltung des bereits Erreichten.

[91] Vgl. auch BVerfGE 24, S. 129 (143); 59, S. 360 (376); 60, S. 79 (88).

[92] Elternrecht, S. 54 (59 f.); abl. *Ossenbühl*, Das elterliche Erziehungsrecht, S. 49; *Fehnemann*, DÖV 1982, S. 353 (355).

[93] Insoweit zutreffend *E.-W. Böckenförde*, Elternrecht, S. 54 (60); dagegen *Fehnemann*, DÖV 1982, S. 353 (354 ff.) m. w. Nachw.

[94] Zum „Fassungsvermögen" dieses inzwischen recht konturenlosen Begriffs vgl. *Fijalkowski*, in: Evangelisches Staatslexikon, 2. Aufl. 1975, Stichwort: Herrschaft, Sp. 966 ff.

[95] Von diesem Vorverständnis ist allerdings auch BVerfGE 10, S. 59 (76) geprägt.

[96] Dazu insbesondere *Lüderitz*, AcP Bd. 178 (1978), S. 263 (267 ff.); vgl. auch *H. Peters*, in: Bettermann/Nipperdey/Scheuner, Die Grundrechte, IV/1, 1960, S. 385 (391). Ob das elterliche Erziehungsrecht insoweit als Konkretisierung des in Art. 2 Abs. 1 GG gewährleisteten Rechts auf freie Entfaltung der Persönlichkeit anzusehen ist, hat BVerfGE 4, S. 52 (56 f.) offengelassen. In diesem Sinne aber etwa *Richter*, in: Alternativ-Kommentar zum GG, 1984, Art. 6 Rdn. 34.

Pflege und Erziehung ist also ein wechselseitig erhebliches Verhältnis von Eltern und Kindern beschrieben[97].

Das elterliche Erziehungsrecht des Art. 6 Abs. 2 S. 1 GG steht, wie oben angesprochen[98], in einem engen Bezug zur verfassungsrechtlichen Gewährleistung der Familie in Art. 6 Abs. 1 GG[99]. „... Familie ist die umfassende Gemeinschaft, in der den Eltern vor allem Recht und Pflicht zur Pflege und Erziehung der Kinder erwachsen."[100] Dieser Systemzusammenhang — Familie als Gesamt-, Eltern-Kind-Beziehung als Subsystem — führt dazu, Sinn und Funktion des Elternrechts auch im Hinblick auf die Familie zu definieren[101]. Das elterliche Erziehungsrecht wirkt also in einem polygonalen Beziehungs- und Sinngefüge; es ist daher weder einseitig fremdnützig noch einseitig eigennützig definier- oder legitimierbar[102].

b) Elternrecht und Elternpflicht

Während grundrechtlich gewährleistete Freiheit in der Regel die Freiheit der Entscheidung darüber einschließt, ob man von ihr Gebrauch machen will, enthält Art. 6 Abs. 2 S. 1 GG zugleich eine Inpflichtnahme der Eltern. „Pflege und Erziehung" sind nicht nur ein ihnen zustehendes Recht, sondern zugleich eine ihnen obliegende Pflicht. Ob diese Pflichtbindung etwas so Einzigartiges ist, wie das Bundesverfassungsgericht[103] und ihm folgend *E.-W. Böckenförde*[104] meinen, kann hier dahingestellt bleiben. Jedenfalls hat die ausdrückliche Erwähnung der Pflicht in Art. 6 Abs. 2 S. 1 GG zu einer Recht und Pflicht verschränkenden Betrachtung in der Rechtsprechung[105] insbesondere des Bundesverfassungsgerichts geführt: „In Art. 6 Abs. 2 Satz 1 GG sind Recht und

---

[97] Vgl. auch *Ossenbühl*, Das elterliche Erziehungsrecht, S. 49/50; *Schmitt-Kammler*, Elternrecht, S. 28 f.
[98] Siehe S. 24.
[99] Vgl. auch BVerfGE 33, S. 236 (238); *Horstmann*, Zum Problem der personenrechtlichen Beziehungen im außerehelichen Eltern-Kind-Verhältnis, 1967, S. 21 f. und 27 ff.; *Giesen*, JZ 1982, S. 817 (821).
[100] BVerfGE 10, S. 59 (66).
[101] Vgl. auch *Schmitt Glaeser*, Das elterliche Erziehungsrecht, S. 54; *Ossenbühl*, Das elterliche Erziehungsrecht, S. 42.
[102] Vgl. auch *Erichsen*, Elternrecht und staatliche Verantwortung für das Schulwesen, in: Recht und Staat im sozialen Wandel, Festschrift für Hans Ulrich Scupin zum 80. Geburtstag, 1983, S. 721 (722 f.).
[103] BVerfGE 24 S. 119 (143) mit Hinweis auf die Andersartigkeit der Sozialpflichtigkeit des Eigentums nach Art. 14 Abs. 2 GG.
[104] Elternrecht, S. 54 (68). Vgl. auch *Giesen*, JZ 1982, S. 817 (821). Wenn *E.-W. Böckenförde* das Abweichende der Sozialbindung des Eigentums mit den Kategorien „ob" und „wie" der Nutzung begründet, so ist das jedenfalls vor dem Hintergrund einer Rechtsprechung, die die Tötung eines tollwütigen Hundes als Vollzug der Sozialbindung einordnet — vgl. BVerfGE 20, S. 351 (361) — fragwürdig.
[105] Vgl. etwa BGH FamRZ 1979, S. 225 (227).

Pflicht von vornherein unlöslich miteinander verbunden; die Pflicht ist nicht eine das Recht begrenzende Schranke, sondern ein wesensbestimmender Bestandteil dieses ‚Elternrechts', das insoweit treffender als ‚Elternverantwortung' bezeichnet werden kann."[106]

Diese Ausführungen erwecken den Eindruck, daß die Verantwortung im Hinblick auf die Ausübung von Rechten der *ausdrücklichen* Begründung durch eine Inpflichtnahme des Berechtigten bedarf. Ob das generell gilt, kann hier dahingestellt bleiben, da nach dem oben Ausgeführten[107] die altrustische Ausrichtung des Elternrechts des Art. 6 Abs. 2 S. 1 GG notwendig die fremdnützig bestimmte Verantwortung einschließt. Elternverantwortung ist also ein Merkmal des in Art. 6 Abs. 2 S. 1 GG mit der Formulierung „Pflege und Erziehung" inhaltlich definierten Elternrechts[108]. Die in Art. 6 Abs. 2 S. 1 GG enthaltene Inpflichtnahme ist damit als Verpflichtung zu verstehen, dieser elternrechtlichen Verantwortung zu genügen[109]. Diese Interpretation wird gestützt durch die keineswegs beliebige Wortfolge des Art. 6 Abs. 2 S. 1 GG. Im Gegensatz zu Art. 120 Abs. 1 WRV, in dem die „Erziehung des Nachwuchses" als „oberste Pflicht und natürliches Recht" statuiert wurde, stellt Art. 6 Abs. 2 S. 1 GG bewußt das Recht vor die Pflicht[110]. Deshalb vermag auch der Gedanke der Treuhand, der in Rechtsprechung[111] und Schrifttum weitgehend Anklang gefunden hat[112], allenfalls Aspekte des Elternrechts anklingen zu lassen[113], während jene Meinungen, die ausgehend von der Pflichtsetzung des Art. 6 Abs. 2 S. 1 GG das Elternrecht ausschließlich fremdnützig definieren und legitimieren[114], die den Eltern ein „Amt"

---

[106] BVerfGE 24, S. 119 (143) unter Bezug auf *Erwin Stein,* in: Stein/Joest/Dombois, Elternrecht, 1958, S. 5 (10). Ebenso BVerfGE 56, S. 363 (381/382); 68, S. 176 (190); *Ossenbühl,* Das elterliche Erziehungsrecht, S. 51; *Fehnemann,* AöR Bd. 105 (1980), S. 529 (533); *Giesen,* JZ 1982, S. 817 (821).

[107] Vgl. S. 32.

[108] In diese Richtung auch BVerfGE 59, S. 360 (376); 60, S. 79 (88); 61, S. 358 (372).

[109] In diese Richtung auch BVerfGE 56, S. 363 (381).

[110] Vgl. dazu *E.-W. Böckenförde,* Elternrecht, S. 54 (57); *Giesen,* JZ 1982, S. 817 (821); *Fehnemann,* DÖV 1982, S. 353 (354).

[111] BVerfGE 59, S. 360 (376 f.); 61, S. 358 (372).

[112] Vgl. etwa *Erwin Stein,* in: Handbuch des Staatskirchenrechts, Bd. II, 1975, S. 455 (463); *Saladin,* Rechtsbeziehungen zwischen Eltern und Kindern als Gegenstand des Verfassungsrechts, in: Festschrift für Hans Hinderling, 1976, S. 175 (199); *P. Kirchhof,* Die Grundrechte des Kindes und das natürliche Elternrecht, in: Praxis des neuen Familienrechts, 1978, S. 171 (175); *Oppermann,* Gutachten, in: Verhandlungen des einundfünfzigsten Deutschen Juristentages, Band I, 1976, C 100; *Ossenbühl,* DÖV 1977, S. 381 (384); *E.-W. Böckenförde,* Elternrecht, S. 54 (64); *Maunz,* in: Maunz/Dürig, GG, Stand Jan. 1985, Art. 6 Rdn. 25 f.

[113] Abl. *Fehnemann,* AöR Bd. 105 (1980), S. 529 (533 f.); dies., DÖV 1982, S. 353 (356 ff.).

[114] Etwa OLG Hamm DAVorm. 1981, Sp. 921 (925); *Simitis,* in: Goldstein/Freud/Solnit, Jenseits des Kindeswohls, 1974, S. 108; *Horndasch,* Zum Wohle

übertragen sehen wollen[115], der Regelung des Art. 6 Abs. 2 S. 1 GG nicht gerecht werden[116].

c) Ableitung von Erziehungszielen aus den Begriffen „Pflege und Erziehung"

Mit den Begriffen Pflege und Erziehung sind zielgerichtete (der Wortstamm „ziehen" deutet bereits auf die Hinleitung zu einem Ziel), fördernde Einwirkungen der Eltern auf die Kinder erfaßt[117]. Die damit schon „per definitionem"[118] in das Elternrecht eingefügte Zielbeschreibung erfolgt mit dem Begriff „Kindeswohl"[119], einem Kindeswohl, welches nach dem oben Ausgeführten familienorientiert und -gebunden ist. Der Begriff des Kindeswohls ist allerdings von geringer Aussagekraft und vielfach, wenn nicht nahezu beliebig auffüllbar.

Aussagekräftiger ist das im Begriff „Erziehung" enthaltene finale Element, das von manchen Autoren als „formales" bzw. „formelles Erziehungsziel" bezeichnet wird[120]: Erziehung ist ihrem Sinn und Zweck nach Heranbildung des Kindes zu einer Persönlichkeit, die später selbständig und eigenverantwortlich Entscheidungen treffen kann[121]. Sie hat die Fähigkeit des Kindes zur Selbstbestimmung und Selbstverantwortung herauszubilden[122]. Das elterliche Erziehungsrecht ist damit darauf

---

des Kindes, S. 25 f., der allerdings auch von einer „Art ,Treuhandverhältnis'" spricht (S. 56, 104, 116); vgl. auch den Entwurf der Bundesregierung zur Regelung des Rechts der elterlichen Sorge, BT-Drucks. 7/2060, S. 13 und weitere Nachw. bei *Lüderitz*, AcP Bd. 178 (1978), S. 263 (264/265).

[115] Vgl. etwa *Saladin*, Rechtsbeziehungen zwischen Eltern und Kindern als Gegenstand des Verfassungsrechts, in: Festschrift für Hans Hinderling, 1976, S. 175 (198); *Habscheid*, FamRZ 1957, S. 109 (111) unter Bezug auf *Müller-Freienfels*, Die Vertretung beim Rechtsgeschäft, 1955, S. 179 ff.; *Raiser*, JZ 1961, S. 465 (470). Vgl. auch den 2. Familienbericht der Bundesregierung, BT-Drucks. 7/3502, S. 120, wo die Erziehung der Kinder als „gesamtgesellschaftliche Aufgabe" bezeichnet wird, deren Wahrnehmung die Gesellschaft lediglich Familien und außerfamiliären pädagogischen Einrichtungen „übertrage".

[116] Vgl. auch *Ossenbühl*, Das elterliche Erziehungsrecht, S. 52; *Schmitt-Kammler*, Elternrecht, S. 28 f.; *Fehnemann*, DÖV 1982, S. 353 (356 f.); *Simon*, Die Reform des Rechts der elterlichen Sorge, S. 128 (129, 131).

[117] Vgl. auch *Schmitt Glaeser*, Das elterliche Erziehungsrecht, S. 7.

[118] BVerfGE 59, S. 360 (382). Vgl. auch *Dürig*, in: Maunz/Dürig, GG, Stand Jan. 1985, Art. 19 Abs. III Rdn. 22.

[119] Vgl. etwa BVerfGE 59, S. 360 (376); 60, S. 79 (88); 61, S. 358 (372).

[120] Vgl. *Lüderitz*, AcP Bd. 178 (1978), S. 263 (273); *E.-W. Böckenförde*, Elternrecht, S. 54 (65, 106); *Schmitt Glaeser*, Das elterliche Erziehungsrecht, S. 8 m. w. Nachw.; *Simon*, JuS 1979, S. 752 (753); *dens.*, ZBlJugR 1984, S. 14 (15).

[121] Vgl. *Schmitt-Kammler*, Elternrecht, S. 27; auch *Dietze*, NJW 1982, S. 1353 (1356). Zu den Teilbereichen der Selbstbestimmung vgl. *Lüderitz*, AcP Bd. 178 (1978), S. 263 (276 ff.).

[122] Vgl. *Erichsen*, Verstaatlichung der Kindeswohlentscheidung?, 2. Aufl. 1979, S. 27; *Ossenbühl*, Das elterliche Erziehungsrecht, S. 58; *Diederichsen*, FamRZ 1978, S. 461 (462 f.).

ausgerichtet, sich selbst letztlich überflüssig zu machen; „es muß seinem Wesen und Zweck nach zurücktreten, wenn das Kind ein Alter erreicht hat, in dem es eine genügende Reife zur selbständigen Beurteilung der Lebensverhältnisse und zum eigenverantwortlichen Auftreten im Rechtsverkehr erlangt hat"[123]. Dies ist nicht erst bei Erreichung der Volljährigkeit, sondern kann in Teilbereichen der persönlichen Entwicklung auch bereits früher der Fall sein[124].

Diese — allein aus der Definition der Begriffe „Pflege und Erziehung" gewonnenen — Ergebnisse sind bei der Bestimmung des Gewährleistungsumfangs des Elternrechts zu beachten. Der Schutzbereich des Art. 6 Abs. 2 S. 1 GG ist also begrifflich in der Weise begrenzt, daß Verhaltensweisen der Eltern, die auch bei weitester Anerkennung der Selbstverantwortlichkeit der Eltern nicht mehr als „Pflege" oder „Erziehung" bezeichnet werden können, von dem Grundrecht nicht mehr geschützt werden[125]. Gleiches gilt dann, wenn eine Einwirkung der Eltern auf die Kinder, ein kindbezogenes Verhalten der Eltern gar nicht festgestellt werden kann, wenn die Eltern es schlicht „unterlassen", das Kind zu pflegen und zu erziehen. Solche Untätigkeit ist durch Art. 6 Abs. 2 S. 1 GG nach dem oben Ausgeführten[126] nicht geschützt[127], da im Gegensatz zu anderen Grundrechten Art. 6 Abs. 2 S. 1 GG den Eltern nicht die Freiheit gewährt, über das „Ob" der Grundrechtsausübung zu bestimmen.

Schließlich ergibt sich aus der im Begriff „Erziehung" angelegten Verpflichtung der Eltern, das Kind zu eigenverantwortlichem Handeln zu führen, daß gesetzliche Regelungen, die das elterliche Erziehungsrecht auf eine Heranführung des Kindes an eine altersgemäße Selbständigkeit ausrichten, als (verfassungsgemäße) Konkretisierung der dem verfassungsrechtlichen Elternrecht durch die Erziehungsfunktion gezogenen Grenzen anzusehen sind[128].

---

[123] BVerfGE 59, S. 360 (387). Vgl. auch *E.-W. Böckenförde*, Elternrecht, S. 54 (67).

[124] Zu diesen Bereichen vgl. *Dürig*, in: Maunz/Dürig, GG, Stand Jan. 1985, Art. 19 Abs. III Rdn. 24 ff.

[125] Vgl. BVerfGE 24, S. 119 (143). So auch *Schmitt-Kammler*, Elternrecht, S. 27 Fn. 61.

[126] Siehe S. 31 f.

[127] Vgl. auch *Schmitt-Kammler*, Elternrecht, S. 27.

[128] Vgl. *Dürig*, in: Maunz/Dürig, GG, Stand Jan. 1985, Art. 19 Abs. III Rdn. 23 ff. Zu diesem Ergebnis gelangen auch die Autoren, die mit dem Begriff der „formalen" Erziehungsziele arbeiten (vgl. oben S. 35) und diese ohne nähere Begründung für verfassungsrechtlich unbedenklich halten. So insbesondere *Simon*, ZBlJugR 1984, S. 14 (15).

d) *Vorgabe von Erziehungszielen und -methoden durch das Grundgesetz*

d 1) Elternrecht und Erziehungsziele der Landesverfassungen

Im Gegensatz zur Weimarer Reichsverfassung, die in Art. 120 Abs. 1 der Erziehung die leibliche, seelische und gesellschaftliche Tüchtigkeit als Ziel vorgab, enthält sich das Grundgesetz der *ausdrücklichen* Festlegung von Erziehungszielen. Immerhin läßt sich — wie oben dargestellt — aus dem Begriff „Erziehung" das Ziel der Heranbildung des Kindes zur selbständigen und eigenverantwortlichen Persönlichkeit ableiten, während hinsichtlich der dorthin führenden Wege und Mittel kein ausdrücklicher Anknüpfungspunkt im Grundgesetz vorhanden ist. Dementsprechend wird vielfach die Auffassung vertreten, das „Wie" der Erziehung, also Erziehungsmethode und -stil, sei jeder staatlichen Einwirkung entzogen[129]. Diese Differenzierung erscheint angesichts der bekannten Relativität von Mittel und Zweck bzw. Ziel allerdings fragwürdig. Methode und Ziel der Erziehung bedingen sich vielmehr gegenseitig und sind daher nicht voneinander zu trennen[130]. Eigenverantwortlich und selbständig kann das Kind nur dann werden, wenn die Eltern zu einer Erziehungsmethode greifen, die die Entwicklung dieser Fähigkeiten fördert, indem sie z. B. dem Kind nicht jede noch so kleine Entscheidung abnehmen[131]. Wenn also im folgenden untersucht wird ob das Grundgesetz Erziehungs*zielen* neutral gegenübersteht, so ist damit auch die Frage nach Erziehungs*methode* und -*stil* angesprochen.

Anders als im Grundgesetz finden sich in den Verfassungen der Länder Erziehungsziele, die jedenfalls dem Wortlaut der konstituierenden Bestimmungen nach vielfach auch für die Eltern und nicht nur für die erzieherische Einwirkung auf das Kind in der Schule gelten[132]. Insoweit ist indes auf den Geltungsvorrang des Art. 6 Abs. 2 GG im Verhältnis zu den Regelungen der Landesverfassungen[133] sowie auf eine durch Art. 74 Nr. 1 und 7 GG begründete konkurrierende und vom Bund in Anspruch genommene Bundeskompetenz[134] hinzuweisen. Solche lan-

---

[129] Vgl. *Ossenbühl*, Das elterliche Erziehungsrecht, S. 82 ff., insbes. S. 85; *Schmitt Glaeser*, Das elterliche Erziehungsrecht, S. 63 und passim; *Lüderitz*, AcP Bd. 178 (1978), S. 263 (287).
[130] *Schmitt Glaeser*, Das elterliche Erziehungsrecht, S. 8. Vgl. auch *Coester*, Das Kindeswohl als Rechtsbegriff, 1983, S. 187.
[131] Vgl. auch *E.-W. Böckenförde*, Elternrecht, S. 54 (65).
[132] Vgl. die Übersicht bei *Häberle*, Erziehungsziele und Orientierungswerte im Verfassungsstaat, 1981, S. 50 f.; *Evers*, Die Befugnis des Staates zur Festlegung von Erziehungszielen in der pluralistischen Gesellschaft, 1979, S. 34 ff.
[133] Vgl. *E.-W. Böckenförde*, Elternrecht, S. 54 (58); *Ossenbühl*, Das elterliche Erziehungsrecht, S. 39.
[134] Vgl. *E.-W. Böckenförde*, Elternrecht, S. 54 (59).

desverfassungsrechtlichen Vorgaben entfalten daher für das Erziehungsrecht der Eltern keine Bindungswirkungen[135].

d 2) „Formale" und „materielle" Erziehungsziele

Angesichts dieses Befundes und unter Bezug auf den durch Art. 6 GG gewährleisteten „Raum der Privatheit" im Sinne der klassischen Grundrechtskonzeption als einer verfassungsrechtlichen Garantie „natürlichen", ausgegrenzten Freiraums wird von *Schmitt Glaeser* ausgeführt, das Grundgesetz verbiete „die Verordnung von Erziehungszielen, von Erziehungsmitteln und von Erziehungsmethoden durch den einfachen Gesetzgeber"[136].

Zuweilen wird auch zwischen „formalen"[137] und „materiellen" Erziehungszielen unterschieden[138] und die Festlegung „formaler" Erziehungsziele für verfassungsrechtlich unbedenklich gehalten[139]; lediglich an der Festlegung materieller Erziehungsziele sei der Gesetzgeber durch Art. 6 Abs. 2 GG gehindert[140]. Soweit mit dem formalen Erziehungsziel die Hinführung des Kindes zu Selbständigkeit und Selbstverantwortung gemeint ist, ist dieser Auffassung zuzustimmen, da dieses Erziehungsziel bereits den Begriffen „Pflege und Erziehung" innewohnt. Die Zielvorgabe „Eigenverantwortlichkeit und Selbständigkeit" sagt andererseits nichts darüber aus, wie das angestrebte eigenverantwortliche Verhalten des Kindes beschaffen, wie es „materiell" ausgestaltet sein soll. Die Ausfüllung dieser Rahmenvorgabe mit materiellen Erziehungszielen bleibt daher — legt man lediglich Art. 6 Abs. 2 S. 1 GG zugrunde — in der Tat den Eltern überlassen.

Danach hat es den Anschein, als sei das einzige im Grundgesetz selbst angelegte Erziehungs„ziel" der mit ihm gleichzusetzende, oben beschriebene Erziehungs„zweck". So kommt *Ossenbühl* angesichts der Schwierigkeiten, „aus dem Begriff der ‚Erziehung' ... *positive* Erziehungsziele herauszudestillieren", zu dem Ergebnis, daß das elterliche Erziehungs-

---

[135] Vgl. auch *Häberle*, Erziehungsziele und Orientierungswerte im Verfassungsstaat, 1981, S. 50 ff., der (S. 55) in den Erziehungszielen der Landesverfassungen „Interpretationshilfen" sieht.

[136] Das elterliche Erziehungsrecht, S. 42 f., 50, 58 f. und passim. Ebenso *Ossenbühl*, Das elterliche Erziehungsrecht, S. 85.

[137] Vgl. dazu bereits oben S. 35.

[138] So etwa *Lüderitz*, AcP Bd. 178 (1978), S. 263 (274); *Simon*, JuS 1979, S. 752 (753); *Beitzke*, FamRZ 1979, S. 8 (10); ebenso *E.-W. Böckenförde*, Elternrecht, S. 54 (65).

[139] *Lüderitz*, AcP Bd. 178 (1978), S. 263 (273/274); *Simon*, JuS 1979, S. 752 (753); *ders.*, ZBlJugR 1984, S. 14 (15); *Beitzke*, FamRZ 1979, S. 8 (10).

[140] So *Simon*, JuS 1979, S. 752 (753); *Lüderitz*, AcP Bd. 178 (1978), S. 263 (287); *E.-W. Böckenförde*, Elternrecht, S. 54 (65 f.); *ders.*, Diskussionsbeitrag in: Essener Gespräche zum Thema Staat und Kirche, hrsg. v. Krautscheidt/Marré, Bd. 14 (1980), S. 106 f.; *Beitzke*, FamRZ 1979, S. 8 (10); *Simon*, ZBlJugR 1984, S. 14.

recht uneinschränkbar sei und bleibe, „aber es darf nicht mißbraucht werden"[141]. Diese Feststellung wirft allerdings die Frage auf, nach welchen Kriterien zu beurteilen ist, ob ein Mißbrauch des Elternrechts gegeben ist. Ihre Beantwortung hängt u. a. davon ab, ob nicht doch ein in der Verfassung angelegter „materieller" Maßstab und damit eine verfassungsrechtliche Bestimmungsgröße elterlichen Erziehungsrechts existiert.

d 3) Das Menschenbild des Grundgesetzes als Richtwert

Diese Frage könnte eine Antwort aus der Aufnahme des Elternrechts in den Bestand verfassungsrechtlicher Gewährleistungen, damit aus seiner Einbettung in das Ganze der Verfassung und aus seiner verfassungsrechtlichen Zuordnung erhalten.

Indem das Elternrecht verfassungsrechtlich gewährleistet und damit mit besonderer Bestandskraft ausgestattet wird, wird es zugleich aufgenommen in einen Gesamtzusammenhang, von dem her inhaltsgestaltende Prägungen wirksam werden.

Hier ist zunächst zu bedenken, daß die Verfassung einen Generationen übergreifenden Anspruch erhebt. Diese zeitliche Dimension der Verfassung wirkt zurück auf die Momentaufnahme einer zeitpunktgebundenen Verfassungsinterpretation.

In dem Bekenntnis des Grundgesetzes zu Ehe und Familie liegt die verfassungsrechtliche Anerkennung einer gesellschaftlichen Struktur[142]. Die Familie ist als kleinste überindividuell ausgerichtete organisatorische Einheit, als eine Grundeinheit der Gesellschaft nicht nur anerkannt, sondern das Bekenntnis zur Familie ist auch mit einer Schutzpflicht des Staates verbunden. Dies ist nur dann verständlich, wenn das Grundgesetz in dieser organisatorischen Grundeinheit der Gesellschaft einen Gewährleistungsträger für eine von ihm für schützenswert gehaltene Gesellschaftsstruktur sieht[143].

Die vom Grundgesetz für erstrebens- und schutzwürdig gehaltene „Verfassung" der Gesellschaft findet sich abgebildet in den Grundrechtsnormen. Diese bestimmen nicht nur subjektiv-rechtlich das Staat-Bürger-Verhältnis, sondern enthalten zugleich objektiv-rechtliche Wertsetzungen und Steuerungsvorgaben für die staatliche, insbesondere gesetzgeberische Gestaltung der Gesellschaft[144]. Wenn die Familie daher

---

[141] Das elterliche Erziehungsrecht, S. 62.
[142] Vgl. auch *Häberle*, Verfassungsschutz der Familie — Familienpolitik im Verfassungsstaat, 1984, S. 6 ff.
[143] Vgl. *Pirson*, in: Bonner Kommentar (Zweitbearbeitung), Art. 6 Rdn. 7; dens., Diskussionsbeitrag in: Essener Gespräche zum Thema Staat und Kirche, hrsg. v. Krautscheidt/Marré, Bd. 14 (1980), S. 46.
[144] Grundlegend BVerfGE 7, S. 198 (205).

als eine gesellschaftliche Grundeinheit verfassungsrechtlich gewährleistet wird, dann sicher nicht, um die Keimzelle für eine den Wertsetzungen der Grundrechtsnormen gegenläufigen Entwicklung der Gesellschaft zu schaffen. Die Familie wird nicht für schützenswert erklärt als Sprengkapsel, mit der sich die freiheitlichen Strukturen der Gesellschaftsordnung zerstören lassen, sondern als Gewährleistungsträger einer vom Grundgesetz für förderungswürdig gehaltenen Gesellschaftsstruktur[145].

Aus der Einbettung des Elternrechts in das System Familie ergibt sich, daß das Elternrecht dazu beizutragen hat, diese Aufgabe der Familie zu erfüllen. Es empfängt daher seine Richtwerte aus jenen Wertsetzungen, die in den Grundrechtsnormen zum Ausdruck kommen. Familiäre Pflege und Erziehung des Kindes haben sich daher an jener Vielfalt von Möglichkeiten auszurichten, die für die leibliche und persönliche Entwicklung des Menschen im Grundgesetz eröffnet sind. Die in den Grundrechten enthaltene objektive Wertordnung wird dergestalt zum „Ziel" elterlicher Erziehung und das Menschenbild des Grundgesetzes zur Rahmenvorgabe elterlicher Erziehung[146], außerhalb deren das Verhalten der Eltern gegenüber dem Kind nicht mehr durch Art. 6 Abs. 2 S. 1 GG geschützt ist.

„Das Kind ist ein Wesen mit eigener Menschenwürde und dem eigenen Recht auf Entfaltung seiner Persönlichkeit im Sinne der Art. 1 Abs. 1 und Art. 2 Abs. 1 GG. Eine Verfassung, welche die Würde des Menschen in den Mittelpunkt ihres Wertsystems stellt, kann bei der Ordnung zwischenmenschlicher Beziehungen grundsätzlich niemandem Rechte an der Person eines anderen einräumen, die nicht zugleich pflichtgebunden sind und die Menschenwürde des anderen respektieren. Die Anerkennung der Elternverantwortung und der damit verbundenen Rechte findet daher ihre Rechtfertigung darin, daß das Kind des Schutzes und der Hilfe bedarf, um sich zu einer eigenverantwortlichen Persönlichkeit innerhalb der sozialen Gemeinschaft zu entwickeln, wie sie dem Menschenbild des Grundgesetzes entspricht."[147]

Die Verpflichtung der Eltern zur Heranziehung des Kindes zu einer eigenverantwortlichen, selbständigen Person, die oben bereits aus den Begriffen „Pflege und Erziehung" gefolgert wurde, wird also durch

---

[145] Vgl. auch *Pirson*, in: Bonner Kommentar (Zweitbearbeitung), Art. 6 Rdn. 9. Zum Zusammenhang von „Staatsbild" und „Familienbild" vgl. insbes. *Häberle*, Verfassungsschutz der Familie — Familienpolitik im Verfassungsstaat, 1984, S. 17 und passim.

[146] Vgl. auch *Häberle*, Verfassungsschutz der Familie — Familienpolitik im Verfassungsstaat, 1984, S. 7 f., S. 31.

[147] So BVerfGE 24, S. 119 (144) unter Bezug auf BVerfGE 7, S. 198 (205). Auch BVerfGE 56, S. 363 (384) bezeichnet das „Menschenbild des Grundgesetzes" als Erziehungsziel. Vgl. auch BVerfGE 61, S. 358 (372).

eine verfassungssystematische Interpretation bestätigt und näher entfaltet. Damit kommt dem Menschenbild des Grundgesetzes erziehungsleitende Wirkung zu, indem es die Eltern in Pflicht nimmt, die Kinder so zu erziehen, daß sie am Ende dieses elterlichen Erziehungsprozesses in der Lage sind, die sich ihnen durch die Grundrechte eröffneten Freiheiten und Möglichkeiten der Lebensgestaltung wahrzunehmen. Sie müssen — im untechnischen Sinne — grundrechtsfähig[148] oder, wie man es auch bezeichnet, „grundrechtsmündig"[149] werden. Dies hat mit der Entwicklung von Zuordnungssubjekten für Recht und Gegenrecht in der Familie nichts zu tun[150]. Es geht vielmehr darum, die Kinder in die Lage zu versetzen, von den ihnen in der Verfassung und unter der verfassungsrechtlichen Rechtsordnung eingeräumten Rechten selbständig Gebrauch zu machen[151].

Darüber darf nicht vergessen werden, daß das Menschenbild des Grundgesetzes nicht nur unter einem „einseitig freiheitsorientierten Aspekt" steht[152]. So hat das Bundesverfassungsgericht immer wieder betont, das Menschenbild des Grundgesetzes sei „nicht das des selbstherrlichen Individuums, sondern das der in der Gemeinschaft stehenden und ihr vielfältig verpflichteten Persönlichkeit"[153]. Eine am Menschenbild des Grundgesetzes ausgerichtete Erziehung hat daher dem Kind die Fähigkeit zu vermitteln, in einer Gemeinschaft zu leben[154], ihm deutlich zu machen, daß dies nur möglich ist, wenn auch die Freiheitsrechte und Entfaltungsmöglichkeiten anderer respektiert werden und der selbständige Gebrauch von Rechten mit Pflichten verbunden ist, deren Erfüllung zur Pflege und Förderung des sozialen Zusammenlebens unabdingbar ist[155]. Die Verpflichtung des elterlichen Erziehungsrechts auf das Menschenbild des Grundgesetzes im Sinne einer eigenverantwortlichen, selbständigen, „grundrechtsmündigen" Persönlichkeit wird ausdrücklich oder der Sache nach auch im Schrifttum weitgehend

---

[148] Vgl. *Erichsen*, Diskussionsbeitrag in: Essener Gespräche zum Thema Staat und Kirche, hrsg. v. Krautscheidt/Marré, Bd. 14 (1980), S. 163.

[149] Vgl. BT-Drucks. 7/2060, S. 13, 16 ff.

[150] So aber offenbar *Diederichsen*, FamRZ 1978, S. 461 (462 ff.).

[151] Im Ergebnis ebenso *Diederichsen*, FamRZ 1978, S. 461 (462); *Geiger*, FamRZ 1979, S. 457 (460): es gehe darum, „das Kind in seine Grundrechte hineinwachsen zu lassen". Ebenso *Häberle*, Verfassungsschutz der Familie — Familienpolitik im Verfassungsstaat, 1984, S. 16. Vgl. auch *Wiesner*, ZRP 1979, S. 285 (289).

[152] *Häberle*, Verfassungsprinzipien als Erziehungsziele, in: Recht als Prozeß und Gefüge, Festschrift für Hans Huber, 1981, S. 211 (236).

[153] BVerfGE 12, S. 45 (51); vgl. auch etwa BVerfGE 4, S. 7 (15 f.); 7, S. 305 (323); 33, S. 303 (334); 45, S. 187 (227); 50, S. 166 (175); 59, S. 275 (279).

[154] Vgl. BVerfGE 61, S. 358 (372).

[155] Vgl. dazu *Häberle*, Verfassungsprinzipien als Erziehungsziele, in: Recht als Prozeß und Gefüge, Festschrift für Hans Huber, 1981, S. 235 ff.; auch *Horndasch*, Zum Wohle des Kindes, S. 53.

bejaht[156]. Dabei könnte dahingestellt bleiben, ob man diese Erziehungsvorgabe nun als „formal"[157], „formell"[158] oder „eher formal"[159] qualifiziert, da sich aus dieser Kategorisierung keine normativen Konsequenzen ergeben[160]. Doch droht bei diesem ohnehin durch Abgrenzungsprobleme belasteten Sprachgebrauch verloren zu gehen, daß mit dem Menschenbild des Grundgesetzes eine materielle Erziehungsvorgabe besteht.

Das grundgesetzliche Menschenbild ist zum einen durch die menschliche Würde des Einzelnen gekennzeichnet, zum anderen aber auch durch das Recht des Einzelnen auf die freie Entfaltung seiner Persönlichkeit, wie es in Art. 2 Abs. 1 GG grundrechtlich geschützt ist. Entsprechend den vielfältigen Möglichkeiten des Menschen, *seine* Persönlichkeit zu entfalten, ist das Menschenbild des Grundgesetzes durch eine Vielfalt von Entwicklungs-, Entfaltungs- und Verhaltensmöglichkeiten bestimmt. Es ist nicht auf ein bestimmtes Persönlichkeitsbild festgelegt, entwirft keinen Idealtyp vom Menschen[161], vielmehr sind Bandbreiten seiner Entwicklung und seines Verhaltens gewährleistet[162]. Elterliche Erziehung wird vom Grundgesetz damit so lange hingenommen, als sie sich den in den Grundrechtsnormen zum Ausdruck kommenden Wertsetzungen verpflichtet weiß und diesen Wirkungsrahmen nicht evident verfehlt. Eltern dürfen dem Kind im Erziehungsprozeß jede Anschauung vermitteln, die von der grundrechtlichen Wertordnung akzeptiert und durch den abwehrrechtlichen Gehalt der Grundrechte auch geschützt wird. In diesem Rahmen bewegt sich etwa eine religiöse Kindererziehung ebenso wie eine die religiöse Bindung verleugnende Einwirkung auf das Kind. Mit ihm ist die Erziehung zu beruflicher Tüchtigkeit und Leistungsbereitschaft ebenso vereinbar wie jene, die auf ein „alternati-

---

[156] Vgl. *Schmitt Glaeser*, Das elterliche Erziehungsrecht, S. 41; *Lecheler*, FamRZ 1979, S. 1 (4); *Häberle*, Erziehungsziele und Orientierungswerte im Verfassungsstaat, 1981, S. 56 ff.; *Beitzke*, FamRZ 1979, S. 8 (12); *Diederichsen*, FamRZ 1978, S. 461 (462). Vgl. auch *Ossenbühl*, Das elterliche Erziehungsrecht, S. 49 und *E.-W. Böckenförde*, Elternrecht, S. 54 (65, 106 einerseits und 111 andererseits).

[157] Vgl. etwa *Lüderitz*, AcP Bd. 178 (1978), S. 263 (274); *Schmitt-Kammler*, Elternrecht, S. 27.

[158] So *E.-W. Böckenförde*, Elternrecht, S. 54 (65, 106).

[159] So *Häberle*, Erziehungsziele und Orientierungswerte im Verfassungsstaat, 1981, S. 56.

[160] Zutreffend *Schmitt Glaeser*, Das elterliche Erziehungsrecht, S. 10. Kritisch zu dieser Terminologie auch *Coester*, Das Kindeswohl als Rechtsbegriff, 1983, S. 185.

[161] Vgl. auch *Evers*, Verfassungsrechtliche Determinanten der inhaltlichen Gestaltung der Schule, in: Essener Gespräche zum Thema Staat und Kirche, hrsg. v. Krautscheidt/Marré, Bd. 12 (1977), S. 104 (115).

[162] In diesem Sinne auch *H. Peters*, in: Bettermann/Nipperdey/Scheuner, Die Grundrechte, IV/1, 1960, S. 369 (383).

ves" Leben, auf den Ausstieg aus der Zivilisation und die Hinwendung zum „einfachen Leben" vorbereitet[163]. Mit dem Menschenbild des Grundgesetzes liegt daher eine Feldbeschreibung, eine Rahmenvorgabe vor, die eine Vielzahl untergeordneter Erziehungsziele umfaßt und der elterlichen Entscheidung anheimgibt.

Gewährt aber das Menschenbild des Grundgesetzes als Erziehungsziel den Eltern eine Auswahl unter einer Vielfalt von Möglichkeiten, so ist das Elternrecht nicht eigentlich als Ermächtigung zur Interpretation des Kindeswohls[164], sei dieses auch als unbestimmter Rechtsbegriff mit Beurteilungsspielraum[165] verstanden, anzusehen. Die verfassungsrechtliche Gewährleistung des Elternrechts ähnelt in ihrer Struktur eher jenen Rechtsnormen, die ein Ermessen, d. h. die Wahl zwischen mehreren Möglichkeiten einräumen[166]. Dementsprechend führt das Bundesverfassungsgericht aus: „Die Eltern können grundsätzlich frei von staatlichen Einflüssen und Eingriffen nach eigenen Vorstellungen darüber *entscheiden*, wie sie die Pflege und Erziehung ihrer Kinder gestalten und damit ihrer Elternverantwortung gerecht werden wollen."[167]

E. Das Elternrecht als Steuerungsvorgabe für den Gesetzgeber

Die vielseitige Eltern-Kind-Beziehung läßt sich in einer notwendig grobschlächtigen verfassungsrechtlichen Garantie des Elternrechts naturgemäß nicht einfangen. Es bedarf hier des Gesetzgebers, der die verfassungsrechtlich vorgegebenen Strukturen des Elternrechts abbildet und es in ihrem Rahmen in Vollzug des sozialstaatlichen Gestaltungsauftrags entfaltet. Dabei sind, wie oben ausgeführt[168], die in den Grundrechtsnormen zum Ausdruck kommenden Wertsetzungen zu beachten. Das führt dazu, daß jene Parameter, die sich bei der Bestimmung der Strukturen des verfassungsrechtlichen Elternrechts aus seiner Einbindung in das Ganze der Verfassung ergeben, auch als Steuerungsvorgaben für den Gesetzgeber wirken.

---

[163] Vgl. auch *E.-W. Böckenförde*, Elternrecht, S. 54 (66); *Fehnemann*, Die Innehabung und Wahrnehmung von Grundrechten im Kindesalter, 1983, S. 41 f.

[164] Vgl. *Ossenbühl*, Das elterliche Erziehungsrecht, S. 53, 64: „Interpretationsprimat" der Eltern.

[165] So *E.-W. Böckenförde*, Diskussionsbeitrag in: Essener Gespräche zum Thema Staat und Kirche, hrsg. v. Krautscheidt/Marré, Bd. 14 (1980), S. 127 und *Erichsen*, Diskussionsbeitrag ebd., S. 111.

[166] Auch *Schmitt Glaeser*, Das elterliche Erziehungsrecht, S. 56, spricht von „Ermessensspielraum". In BVerfGE 7, S. 320 (324) ist die Rede von einem den Eltern zustehenden „erzieherischen Ermessen".

[167] BVerfGE 59, S. 360 (376); 60, S. 79 (88), Hervorhebung v. Verf.

[168] Vgl. S. 17 ff.

Wie bereits ausgeführt[169], hat der Gesetzgeber bei der Erfüllung seines sozialstaatlichen Gestaltungsauftrages darauf zu achten, daß die im Verhältnis zum Staat gewährleistete Freiheit nicht durch gesellschaftliche Macht beseitigt wird. Ihm kommt damit die Aufgabe zu, Freiheit und Schutz unter den Gliedern der Gesellschaft in Verfolgung und Ausgleich verfassungsrechtlicher, insbesondere grundrechtlicher Wertvorgaben zu verteilen. Normalerweise soll der Gesetzgeber in Erfüllung seines sozialstaatlichen Gestaltungsauftrags die Freiheit zu autonomer Entscheidung im Verhältnis gesellschaftlicher Glieder und Einheiten zueinander gewährleisten.

Im Verhältnis Eltern-Kind soll einerseits ein Prozeß eingeleitet und gefördert werden, der die Fähigkeit herbeiführt, im Verhältnis zum Staat und zu den übrigen Gliedern der Gesellschaft von grundrechtlich beschriebener Freiheit sachgemäßen Gebrauch zu machen. Andererseits soll dieser Prozeß in bestimmter Weise ausgelöst, angeleitet und gefördert werden, nämlich durch Einwirkung der Eltern auf das Kind nach Maßgabe ihrer Entscheidung. Der auf der Grundlage des Sozialstaatsprinzips in Verwirklichung der in den Grundrechtsnormen zum Ausdruck kommenden Wertsetzungen tätig werdende Gesetzgeber soll also durch gesetzliche Regelungen die Möglichkeit für die Eltern schaffen und fördern, ihr Kind im Rahmen der im Menschenbild des Grundgesetzes angelegten vielfältigen Möglichkeiten zu erziehen. Er muß zugleich die Grenzen des Elternrechts zum Wohle des Kindes definieren. Den Kindesgrundrechten ist daher der Ziel und Grenze bestimmende Rahmen für die gesetzgeberische Programmierung des Elternrechts zu entnehmen. Das verfassungsrechtliche Ziel des grundrechtlich gewährleisteten Elternrechts und das verfassungsrechtliche Programm für den Gesetzgeber zur Gestaltung des Eltern-Kind-Verhältnisses sind also inhaltsgleich.

F. Begrenzungen und Einschränkungen des Schutzbereichs des Art. 6 Abs. 2 S. 1 GG durch Normen des Jugendhilfe- und des elterlichen Sorgerechts

1. Konkretisierung von Schutzbereichsbegrenzungen

Grenzen des Schutzbereichs des Art. 6 Abs. 2 S. 1 GG können sich zum einen durch solche Normen ergeben, die die oben festgestellten verfassungsrechtlichen Grenzen des Elternrechts einfachgesetzlich definieren oder konkretisieren. So ist beispielsweise § 1631 Abs. 2 BGB („Entwürdigende Erziehungsmaßnahmen sind unzulässig") als Umset-

---

[169] Vgl. oben S. 17 ff.

zung jener Begrenzung des Elternrechts zu verstehen, die sich aus der wertsetzenden Bedeutung des Art. 1 Abs. 1 und Art. 2 Abs. 1 GG für die gesamte Rechtsordnung ergibt. Da diese Norm mit den Worten des Gesetzgebers nur etwas wiedergibt, was auch bereits Teil der in den Grundrechten zum Ausdruck kommenden objektiven Wertordnung ist und dem Menschenbild des Grundgesetzes entspricht, verletzt die durch sie geregelte Anforderung an elterliches Verhalten gegenüber dem Kind nicht das Grundrecht aus Art. 6 Abs. 2 S. 1 GG.

2. Eingriffe in den Schutzbereich

Außerhalb dieser einfachgesetzlichen Konkretisierungen der Schutzbereichsgrenzen können sich Beeinträchtigungen des Elternrechts zum anderen daraus ergeben, daß Normen des Familien- oder Jugendhilferechts konstitutiv in den durch die Verfassung begrenzten Schutzbereich „eingreifen". In diese Kategorie gehören Normen, die an ein bestimmtes elterliches Verhalten staatliche Reaktionen oder Sanktionen mit Eingriffscharakter anknüpfen.

Die Charakterisierung einer vormundschaftsgerichtlichen oder jugendamtlichen Maßnahme als Eingriff erscheint da selbstverständlich, wo die Eltern von der Ausübung des gesamten elterlichen Personensorgerechts oder eines wesentlichen Teils davon ausgeschlossen werden[170]. Auch bei einer vom Vormundschaftsgericht verfügten Trennung des Kindes von der Familie oder der Bestellung eines Pflegers, der anstelle der Eltern deren Aufenthaltsbestimmungsrecht ausübt, ist die Beeinträchtigung des Elternrechts offensichtlich. Aber auch weniger gravierende Maßnahmen, etwa Ge- und Verbote, selbst bloße Ermahnungen sind geeignet und dazu bestimmt, elterliches Erziehungsverhalten im Sinne des Vormundschaftsrichters zu beeinflussen und die Eltern zu veranlassen, den bisherigen Erziehungsstil aufzugeben oder bereits getroffene Entscheidungen in Bezug auf die Kindesentwicklung zu revidieren. Der Anstoß zur „besseren Einsicht" geht auch bei diesen Maßnahmen von staatlicher Seite aus und kann noch verstärkt sein durch die Androhung, bei Nichtbefolgung des Gebots, Verbots oder der Ermahnung weiterreichende Maßnahmen zu ergreifen.

Staatliche Maßnahmen im Bereich der Kindeserziehung greifen daher — vorbehaltlich gewiß vorhandener Ausnahmen (etwa unverbindlicher Ratschläge), die hier angesichts des den staatlichen Institutionen eingeräumten Ermessens und der Vielzahl danach möglicher Einwirkungen

---

[170] Zum Verhältnis des verfassungsmäßigen Elternrechts zum Personensorgerecht vgl. etwa *Holzhauer*, FamRZ 1982, S. 109 (112 f.); *E.-W. Böckenförde*, Elternrecht, S. 54 (55); *Fehnemann*, DÖV 1982, S. 353 (355); *Maunz*, in: Maunz/Dürig, GG, Stand Jan. 1985, Art. 6 Rdn. 24 a, b.

nicht gesondert dargestellt werden können — in den Schutzbereich des Art. 6 Abs. 2 S. 1 GG ein[171]. Das gilt auch dann, wenn das elterliche Verhalten, das den Anknüpfungspunkt für die staatliche Maßnahme bildet, sich außerhalb des Schutzbereichs des Art. 6 Abs. 2 S. 1 GG bewegt. Welches Verhalten der Eltern Anlaß für das Eingreifen des Staates gibt, beschreibt die Norm in ihrem Tatbestand, während die daran anzuknüpfende Sanktion auf der Rechtsfolgenseite steht. Der Tatbestand kann zwar u. U. die Grenzen des Elternrechts definieren oder konkretisieren; sind als mögliche Rechtsfolge eines Überschreitens dieser Grenzen aber Maßnahmen der staatlichen Organe vorgesehen, so ermächtigt eine derartige Norm in ihrer Gesamtheit zu Eingriffen in das elterliche Erziehungsrecht und konkretisiert dergestalt nicht nur dessen Grenzen, sondern schränkt es selbst ein.

Ermächtigt eine Norm die staatlichen Organe also beispielsweise dazu, das Kind in einem Heim unterzubringen, weil eine elterliche Erziehung oder Pflege nicht stattfindet, die Eltern sich also nicht um die Pflege und Erziehung des Kindes kümmern (Fall des „Erziehungsunterlassens"[172]), so bewegt sich das Verhalten der Eltern nach dem oben Gesagten zweifellos außerhalb des Schutzbereichs des Art. 6 Abs. 2 S. 1 GG und genießt nicht dessen Schutz[173]. Durch Art. 6 Abs. 2 S. 1 GG geschützt wäre aber ein zukünftiges Verhalten der Eltern, welches die Begriffe „Pflege und Erziehung" ausfüllen würde. Es ist den Eltern nicht etwa verwehrt, sich auf dieses Grundrecht zur Abwehr gegenwärtiger und zukünftiger staatlicher Eingriffe zu berufen, weil ihr Verhalten in der Vergangenheit von Art. 6 Abs. 2 S. 1 GG nicht gedeckt war. Dies käme einer Verwirkung des Grundrechts gleich, die wegen der insoweit abschließenden Regelung des Art. 18 GG keinen Bestand hätte[174]. Die Heimunterbringung des Kindes im obigen Beispiel beeinträchtigt daher das elterliche Erziehungsrecht, auch wenn der Anlaß hierzu in einem vom Elternrecht nicht mehr geschützten Verhalten der Eltern liegt[175].

---

[171] Vgl. auch *Hansmann*, Verfassungsrechtliche Schranken öffentlicher Jugendfürsorge, Diss. iur. Münster 1967, S. 10.

[172] Vgl. oben S. 36.

[173] So auch BVerfGE 24, S. 119 (142—144).

[174] Davon zu unterscheiden ist die „Verwirkung der elterlichen Gewalt", die der durch die Sorgerechtsreform mit Wirkung vom 1.1.1980 aufgehobene § 1676 BGB vorsah, wenn ein Elternteil wegen eines an dem Kind verübten Verbrechens oder vorsätzlichen Vergehens zu mindestens 6 monatiger Freiheitsstrafe verurteilt wird. Vgl. hierzu *H. Peters*, in: Bettermann/Nipperdey/Scheuner, Die Grundrechte, IV/1, 1960, S. 369 (378).

[175] Mißverständlich insofern einige Formulierungen in BVerfGE 24, S. 119, wo z. B. auf S. 143 ausdrücklich die Auffassung abgelehnt wird, Art. 6 Abs. 2 S. 1 GG dauere als unentziehbare Rechtsposition auch dann fort, wenn die Eltern sich niemals um ihr Kind kümmern oder wegen einer Straftat gegen

G. Das „Wächteramt" des Staates gemäß Art. 6 Abs. 2 S. 2 GG

1. Art. 6 Abs. 2 S. 2 GG als Eingriffsvorbehalt

Begrenzungen des grundrechtlich gewährleisteten Schutzbereichs dürfen wegen der Grundrechtsrelevanz dieser staatlichen Entscheidungen nur durch Gesetz oder aufgrund eines Gesetzes erfolgen[176]. Eingriffe in den Schutzbereich eines Grundrechts dürfen ebenfalls nur durch oder aufgrund eines Gesetzes erfolgen. „Eingriffsgesetze" sind indes nur zulässig, wenn und soweit das Grundrecht unter Gesetzesvorbehalt steht[177].

Erste Voraussetzung der Verfassungsmäßigkeit der zum Eingriff in das elterliche Erziehungsrecht ermächtigenden Normen des Familien- und Jugendhilferechts ist es also, daß ein entsprechender, den Gesetzgeber ermächtigender Eingriffsvorbehalt vorliegt. In diesem Zusammenhang ist teilweise davon die Rede, das Grundgesetz gewähre das elterliche Erziehungsrecht „vorbehaltslos"[178]. Dementsprechend unterliege es lediglich verfassungsrechtlichen „Bindungen" und „Begrenzungen" oder sog. „immanenten Grundrechtsschranken"[179]. Ein Eingriffsvorbehalt könnte indessen in Art. 6 Abs. 2 S. 2 GG gesehen werden. Danach wacht „die staatliche Gemeinschaft", also der Staat und damit auch der Gesetzgeber, über die „Betätigung", die in Art. 6 Abs. 1 S. 1 GG umschrieben ist, d. h. über die Pflege und Erziehung der Kinder durch ihre Eltern.

Vom Wortlaut her betrachtet besteht die Aufgabe eines „Wächters" zunächst darin, Geschehnisse zu beobachten, zu registrieren und möglichen Gefahren durch bestimmte Maßnahmen vorzubeugen. Tritt Gefahr für das zu überwachende Gut ein, so hat der Wächter diese abzuwehren und Schäden und Verletzungen des Schutzgutes zu verhüten. Damit enthält der Terminus „wachen" gleichzeitig auch die Ermächti-

---

das Kind das Personensorgerecht verloren haben; vgl. auch S. 144: „er (i. e. Art. 6 Abs. 2 S. 1 GG, der Verf.) schützt nicht diejenigen Eltern, die sich dieser Verantwortung entziehen." Genaugenommen können die Eltern den Schutz des Art. 6 Abs. 2 S. 1 GG zwar nicht für ihr der Erziehungsverantwortung zuwiderlaufendes Handeln in Anspruch nehmen, wohl aber ist die staatliche Sanktionierung dieses Verhaltens am Maßstab des verfassungsrechtlichen Elternrechts zu messen, was voraussetzt, daß ihnen dieses noch zusteht.

[176] Vgl. dazu *Erichsen*, Elternrecht und staatliche Verantwortung für das Schulwesen, in: Recht und Staat im sozialen Wandel, Festschrift für Hans Ulrich Scupin zum 80. Geburtstag, 1983, S. 721 (731 ff.).

[177] Vgl. *Erichsen*, Staatsrecht und Verfassungsgerichtsbarkeit I, 3. Aufl. 1982, S. 9, 84 f.

[178] So *Ossenbühl*, Das elterliche Erziehungsrecht, S. 59 f., 76, 84, BVerwGE 64, S. 308 (312).

[179] Vgl. *Ossenbühl*, Das elterliche Erziehungsrecht, S. 60; *Schmitt-Kammler*, Elternrecht, S. 20 ff.

gung zum aktiven Eingreifen zur Abwehr der drohenden Gefahr oder zur Korrektur des bereits eingetretenen Schadens, wobei es sich bei diesem „Eingreifen" sowohl um eine Hilfeleistung als auch um einen „Eingriff" im Sinne einer Zwangsmaßnahme handeln kann. Insofern kommt dem Wächteramt eine ähnliche Bedeutung zu wie dem im juristischen Sprachgebrauch häufiger anzutreffenden Begriff der „Aufsicht". Da nicht zu leugnen ist, daß solche Gefahren und Schäden dem Kind durch seine Eltern und deren Vorstellung von Erziehung drohen können, kann Art. 6 Abs. 2 S. 2 GG daher (auch) als Ermächtigungsgrundlage für staatliche, also auch gesetzgeberische Eingriffe in das durch Art. 6 Abs. 2 S. 1 GG geschützte Elternrecht aufgefaßt werden[180]. Das Ergebnis dieser wörtlichen Auslegung wird gestützt durch eine sich auf Art. 6 Abs. 3 GG beziehende systematische Interpretation. Art. 6 Abs. 3 GG stellt für den stärksten denkbaren Eingriff in die elterliche Erziehung, die Trennung des Kindes von der Familie gegen den Willen der Eltern, besondere Voraussetzungen auf. Art. 6 Abs. 3 GG geht also davon aus, daß minder schwerwiegende Eingriffe diesen Anforderungen nicht genügen müssen. Daraus folgt aber, daß Art. 6 Abs. 3 GG die Befugnis des Staates zu anderen als mit einer Trennung von Kind und Eltern verbundenen Eingriffen voraussetzt und sich als Einschränkung dieser Befugnis versteht. Mangels anderer Regelungen kann diese Befugnis nur im staatlichen Wächteramt des Art. 6 Abs. 2 S. 2 GG (mit-) enthalten sein.

Art. 6 Abs. 2 S. 2 GG begründet somit einen Vorbehalt für den Gesetzgeber, das durch Art. 6 Abs. 2 S. 1 GG geschützte Elternrecht einzuschränken[181].

2. Inhalt und Grenzen des Wächteramts

a) Die Verpflichtung des Staates auf das Kindeswohl

Allerdings eröffnet dieser Gesetzesvorbehalt dem Gesetzgeber nicht jenes Maß an Beliebigkeit bei der Auswahl der politischen Zielsetzungen und der zu schützenden Rechtsgüter wie dies bei anderen Gesetzesvorbehalten der Fall ist. Das läßt sich bereits an dem für einen Gesetzesvorbehalt recht ungewöhnlichen Wortlaut des Art. 6 Abs. 2 S. 2 GG ablesen. Wenn dieser auch letzte Klarheit in der Zuordnung der Satzteile

---

[180] In diesem Sinne auch *Maunz*, in Maunz/Dürig, GG, Stand Jan. 1985, Art. 6 Rdn. 26 a, b; *Hansmann*, Verfassungsrechtliche Schranken öffentlicher Jugendfürsorge, Diss. iur. Münster 1967, S. 29.

[181] So auch *Zuleeg*, FamRZ 1980, S. 210 (212, 214); *Horndasch*, Zum Wohle des Kindes, S. 63. Vgl. auch BVerfGE 4, S. 52 (57), wo die staatliche Wacht als eine „dem Grundrecht ... im Grundgesetz selbst gesetzte Schranke" bezeichnet wird. In diesem Sinne auch BVerfGE 7, S. 320 (323).

vermissen läßt[182], so wird doch hinreichend deutlich, daß die Verleihung des Wächteramts mit einer bestimmten Zielsetzung verbunden ist: der Staat hat darüber zu wachen, daß eine Pflege und Erziehung der Kinder durch die Eltern stattfindet. Dieser imperativische Charakter läßt sich der Indikativ-Form des Satzes auch nach der Auffassung des Bundesverfassungsgerichts entnehmen[183]. Dem Staat ist also die Wahrnehmung des Wächteramts als Pflicht auferlegt.

Pflichten sind nicht um ihrer selbst willen vorhanden; sie haben stets einen Zweck, der über die Tatsache der bloßen Pflichterfüllung hinausgeht. Das staatliche Wächteramt bezieht seinen Sinn und Zweck aus dem Persönlichkeitsrecht des Kindes, wie es in Art. 1 Abs. 1 S. 1 und Art. 2 Abs. 1 GG festgelegt ist[184] und das zu achten und zu schützen gemäß Art. 1 Abs. 1 S. 2 GG Verpflichtung aller staatlichen Gewalt ist. Die Pflicht zur Wahrnehmung des Wächteramts begründet damit eine Verpflichtung des Staates auf das Kindeswohl. So hat auch das Bundesverfassungsgericht ausgeführt, es sei der „verfassungsrechtliche Sinn" des Wächteramts, „objektive Verletzungen des Wohls des Kindes zu verhüten"[185]. Die Aufgabe des Staates als „Wächter" besteht also darin, zu beobachten, ob die elterliche Erziehung dem Kindeswohl entspricht, und einzugreifen, wenn dies nicht der Fall ist.

Damit sind gleichzeitig Inhalt und Grenzen der Eingriffsbefugnis und der möglichen Abhilfemaßnahmen bestimmt. Der Staat ist auf der Grundlage von Art. 6 Abs. 2 S. 2 GG dann zum Eingriff in das Elternrecht ermächtigt, wenn die elterliche Pflege und Erziehung nicht dem Wohl des Kindes entspricht. Er darf auch nur solche Maßnahmen treffen, die dem Wohl des Kindes dienen.

b) Der Vorrang der Eltern bei der Erziehung

Das Wohl des Kindes ist demzufolge beherrschende Maxime sowohl des elterlichen Verhaltens gegenüber dem Kind, also der elterlichen Pflege und Erziehung, als auch des staatlichen Handelns gegenüber den Eltern[186]. Angesichts der Unbestimmtheit des Kindeswohlbegriffs, die teilweise zu Zweifeln an seiner Tauglichkeit als justiziabler Grenzmarkierung geführt hat[187], ist mit dieser Erkenntnis indessen nicht viel

---

[182] Vgl. *Ossenbühl*, Das elterliche Erziehungsrecht, S. 67.
[183] Vgl. BVerfGE 59, S. 360 (376); 61, S. 358 (372): „... wenn das ... Wächteramt dies gebietet". Vgl. auch BVerfGE 56, S. 363 (384): „... ist der Staat nicht nur berechtigt, sondern auch verpflichtet, die Lebensbedingungen zum Wohl des Kindes zu sichern ..."; *Wiesner*, ZRP 1979, S. 285; *F. W. Bosch*, FamRZ 1980, S. 739 (748); *Horndasch*, Zum Wohle des Kindes, S. 62.
[184] BVerfGE 24, S. 119 (144).
[185] BVerfGE 10, S. 59 (84).
[186] Vgl. auch bereits oben, S. 43 f.
[187] Vgl. etwa *Diederichsen*, FamRZ 1978, S. 461 (468); *Gernhuber*, FamRZ

gewonnen. Mit der Einführung einer solchen „Leerformel" in die verfassungsrechtliche Diskussion sind Zweifelsfälle und Konflikte wegen divergierender Kindeswohlauffassungen vorprogrammiert, da jener Rahmen, in dem sich Erziehung noch als Verwirklichung des Kindeswohls darstellt, sich nicht in jedem Fall trennscharf bestimmen läßt. Es stellt sich daher die Frage, ob und wann der Staat Maßnahmen im Bereich der Erziehung treffen darf, wenn seine Vorstellung vom Wohl des Kindes mit derjenigen der Eltern nicht übereinstimmt.

Bei der Klärung dieser Frage kommt wiederum dem Wortlaut des Art. 6 Abs. 2 S. 2 GG, aber auch der Textfassung des Elternrechts in Art. 6 Abs. 2 S. 1 GG besondere Bedeutung zu. Da ein „Wächter" — wie bereits ausgeführt — nur dann einzugreifen hat, wenn Gefahr für das Schutzgut besteht, ist dem Staat von vornherein die Rolle eines bloßen „Nothelfers" zugewiesen[188], der lediglich in Ausnahmefällen von der „Aufsicht" zum Eingriff übergehen, nicht aber die Rolle eines Schiedsrichters oder Vormundes übernehmen darf. So hat bereits *Anschütz* im Hinblick auf die gleichlautende Formulierung des Art. 120 WRV ausgeführt: „Die ‚staatliche Gemeinschaft' soll die ‚Erziehung des Nachwuchses' über*wachen*, nicht aber über*nehmen*, ..."[189]

Gegenstand der staatlichen Wacht ist die Ausübung der Erziehung durch die Eltern. Diese ist daher dem Wächteramt vorgelagert[190], dem damit lediglich „akzessorischer, sekundärer" und „subsidiärer Charakter"[191] zukommt. Dieser Gedanke wird wesentlich durch Art. 6 Abs. 2 S. 1 GG unterstützt. Die Pflicht, für das Wohl des Kindes durch Pflege und Erziehung zu sorgen, gegenüber dem Kind Verantwortung zu tragen, steht danach „zuvörderst" den Eltern zu. Durch diese Wortwahl wird der Staat zwar nicht völlig aus der Erziehung der Kinder herausgedrängt, der Staat wird vielmehr neben den Eltern als ein weiterer, indessen nicht gleichberechtigter Erziehungsträger angesehen[192]. Ihm kommt insofern lediglich die Funktion eines „Ausfallbürgen" zu.

Ebenso deutet die Apostrophierung des Elternrechts als eines „natürlichen" Rechts, wenn auch nicht auf Vorrang gegenüber staatlicher

---

1973, S. 229 ff.; *Hinz*, in: Münchener Kommentar zum BGB, 1977—83, § 1666 (2. Lfg.) Rdn. 24; *Mnookin*, FamRZ 1975, S. 1 (4), der den Begriff für eine „Mystifikation" hält.

[188] Vgl. *Ossenbühl*, Das elterliche Erziehungsrecht, S. 71, unter Bezug auf *E.-W. Böckenförde*, Elternrecht, S. 54 (76).

[189] Die Verfassung des Deutschen Reiches, 14. Aufl. 1933, Art. 120 Anm. 1. Ebenso *Ossenbühl*, Das elterliche Erziehungsrecht, S. 67, 71.

[190] *E.-W. Böckenförde*, Elternrecht, S. 54 (75); *Ossenbühl*, Das elterliche Erziehungsrecht, S. 71.

[191] *E.-W. Böckenförde*, Elternrecht, S. 54 (75, 76).

[192] BVerfGE 24, S. 119 (135); *Wiesner*, ZRP 1979, S. 285.

Existenz[193], so doch auf Vorrang gegenüber staatlicher Erziehung[194] hin. So hat auch das Bundesverfassungsgericht ausgeführt: „Die Eltern haben das Recht, die Pflege und Erziehung ihrer Kinder nach ihren eigenen Vorstellungen frei zu gestalten und genießen insoweit, vorbehaltlich des Art. 7 GG, Vorrang vor anderen Erziehungsträgern."[195]

c) Folgerungen für den Umfang der Eingriffsbefugnis

Aus diesem verfassungsrechtlich festgelegten Primat der elterlichen Erziehung ergeben sich Folgerungen für die Reichweite des staatlichen Wächteramts. „Vorrang" der Eltern bei der Erziehung bedeutet: die Kindeswohlentscheidung der Eltern ist die allein maßgebliche, soweit sie Ausdruck einer Gestaltung des Eltern-Kind-Verhältnisses ist, die (noch) als „Erziehung" im Sinne des Grundgesetzes angesehen werden kann. In diesem Rahmen besteht jedenfalls im Verhältnis zum staatlichen Wächteramt des Art. 6 Abs. 2 S. 2 GG nicht nur eine „primäre"[196], sondern die alleinige Verantwortung der Eltern.

Ein Eingriff in die elterliche Erziehung ist danach nur dann durch das Wächteramt legitimiert, wenn die Eltern die mit ihrem Erziehungsrecht untrennbar verbundenen Pflichten nicht erfüllen, wenn sie nicht in der Lage oder nicht willens sind, ihrer Erziehungsverantwortung gerecht zu werden. Die Eingriffsschwelle ist also erst dort erreicht, wo Eltern die verfassungsrechtlichen Begrenzungen des Elternrechts überschreiten und ihr Verhalten vom Schutzbereich des Art. 6 Abs. 2 S. 1 GG nicht mehr umfaßt ist. Halten die Eltern sich hingegen innerhalb des durch diese Grenzen gezogenen Rahmens, ist dem Staat eine Einmischung in die Kindeserziehung verwehrt. Solange die Eltern also die ihnen durch Art. 6 Abs. 2 S. 1 GG auferlegte Pflicht zur Pflege und Erziehung des Kindes erfüllen, ist der den staatlichen „Wächter" zum Eingriff berechtigende Ausnahmefall nicht gegeben. D. h., solange die Eltern überhaupt im Sinne des Grundgesetzes erziehen und pflegen, besteht die unwiderlegbare Vermutung, „daß die Interessen des Kindes in aller Regel am besten von den Eltern wahrgenommen werden"[197], daß „in aller Regel Eltern das Wohl des Kindes mehr am Herzen liegt

---

[193] Dazu oben S. 27 f. Vgl. etwa OVG Rh.-Pf. DÖV 1963, S. 553; Bay. VerfGH, BayVerfGHE (n. F.) 9 (1956), S. 147 (157); *Ossenbühl*, DÖV 1977, S. 801 (805 f.); *Maurer*, in: Evangelisches Staatslexikon, 2. Aufl. 1975, Stichwort: Elternrecht, II, Sp. 539.
[194] *E.-W. Böckenförde*, Elternrecht, S. 54 (74); *Wiesner*, ZRP 1979, S. 285 (286).
[195] BVerfGE 24, S. 119 (143); ebenso BVerfGE 31, S. 194 (204, 208); 47, S. 46 (70); 56, S. 363 (381); 59, S. 360 (385).
[196] So aber BVerfGE 59, S. 360 (376); 60, S. 79 (88).
[197] BVerfGE 60, S. 79 (94). Vgl. auch BVerfGE 34, S. 165 (184).

als irgendeiner anderen Person oder Institution"[198], weil sich Eltern „gleichsam instinktiv vom Kindeswohl leiten lassen"[199].

Die Befugnis der Eltern zur Auffüllung des Kindeswohlbegriffs entspricht daher dem Umfang des Schutzbereichs des elterlichen Erziehungsrechts und unterliegt folglich auch denselben Grenzen, die dem Schutzbereich des Elternrechts gezogen sind. Was dem Wohl des Kindes am besten dient, ist demzufolge der Entscheidung der Eltern vorbehalten, die vom Staat, solange sie sich innerhalb des durch das Menschenbild des Grundgesetzes gezogenen Wertungsspielraums befindet, hinzunehmen ist. Der Primat des elterlichen Erziehungsrechts konkretisiert sich hier insofern zu einer Entscheidungsprärogative der Eltern im Hinblick auf die Auffüllung des Kindeswohlbegriffs[200], als in Zweifelsfällen die Wertung der Eltern der möglicherweise abweichenden Wertung des Staates vorgeht. Der Staat hat sich danach zurückzuhalten, „soweit und solange Fragen von ‚gut' oder ‚besser' zur Entscheidung stehen"[201]. Er hat nicht darüber zu befinden, „ob Verhaltensweisen der Eltern dem Wohl des Kindes *mehr* oder *minder* dienen"[202], soweit sie im Hinblick auf das mit der Erziehung erstrebte Ziel der Selbständigkeit und Eigenverantwortlichkeit des Kindes nach dem Menschenbild des Grundgesetzes als noch vertretbar, „noch tragbar"[203] erscheinen. Das Wächteramt ermächtigt nicht, „die nach Auffassung des Staates unrichtige elterliche Erziehung durch die nach Auffassung des Staates richtige oder bessere Erziehung zu ersetzen"[204]. So hat auch das Bundesverfassungsgericht ausgeführt, es gehöre nicht zur Ausübung des Wächteramtes des Staates nach Art. 6 Abs. 2 S. 2 GG, „gegen den Willen der Eltern für eine den Fähigkeiten des Kindes bestmögliche Förderung zu sorgen"[205]. „Dabei wird die Möglichkeit in Kauf genommen, daß das Kind durch den Entschluß der Eltern wirkliche oder vermeintliche Nachteile erleidet..."[206]

---

[198] BVerfGE 59, S. 360 (376); 61, S. 358 (371). Ebenso BGHZ 66, S. 334 (337).

[199] *Ossenbühl*, FamRZ 1977, S. 533 (534).

[200] Vgl. *Lecheler*, FamRZ 1979, S. 1 (8); *Ossenbühl*, FamRZ 1977, S. 533 (534); vgl. auch *Lüderitz*, AcP Bd. 178 (1978), S. 263 (267); *Schlüter*, in: H. Geißler (Hrsg.), Recht sichert die Freiheit, 1978, S. 104.

[201] *E.-W. Böckenförde*, Elternrecht, S. 54 (76).

[202] *Schmitt Glaeser*, Das elterliche Erziehungsrecht, S. 58.

[203] Vgl. auch *H. Peters*, in: Bettermann/Nipperdey/Scheuner, Die Grundrechte, IV/1, 1960, S. 369 (382).

[204] *Geiger*, FamRZ 1979, S. 457 (460).

[205] BVerfGE 60, S. 79 (94), dazu auch *Zeidler*, in: Handbuch des Verfassungsrechts, 1983, S. 555 (572).

[206] BVerfGE 60, S. 79 (94); vgl. auch BVerfGE 34, S. 165 (184). Sehr pointiert auch *Diederichsen*, FamRZ 1978, S. 469.

d) Die Bestimmung der Grenzen des Kindeswohls

Die Entscheidungskompetenz der Eltern endet indessen dort, wo es nicht mehr um die Ermessensfrage geht, ob etwas „gut" oder „besser" für das Kind ist, sondern darum, ob sich das Verhalten der Eltern überhaupt noch am Kindeswohl orientiert oder aber diesem geradewegs zuwiderläuft. Wo kein Zweifel mehr besteht, daß das elterliche Verhalten das Wohl des Kindes gefährdet oder schädigt, ist der Staat kraft seines Wächteramts verpflichtet, einzugreifen. Der Staat kann diese Funktion nur wahrnehmen, wenn ihm die Befugnis zuerkannt wird, zu beurteilen, ob die Eltern den ihnen verfassungsrechtlich gewährleisteten Erziehungsrahmen beachten. Das setzt notwendig voraus, daß er die Grenzen dieses Erziehungsrahmens — selbstverständlich unter Berücksichtigung seiner verfassungsrechtlichen Determinanten — selbst bestimmen kann. Das dem Staat hierfür zur Verfügung stehende Instrument ist der Erlaß von Gesetzen, in denen er — ausgehend von einem notwendig überindividuellen Kindeswohl — festlegt, welche Verhaltensweisen der Eltern er für kindeswohlgefährdend oder -schädigend hält und daran Sanktionen durch seine Organe anknüpft.

Während es also einzig Sache der Eltern ist, sich um die Einzelheiten der Verwirklichung des Kindeswohls zu sorgen und positiv zu entscheiden, wie der Kindeswohlbegriff aufzufüllen ist, haben sie im Hinblick auf die *Grenzen* ihres Erziehungsermessens keine Entscheidungsbefugnis. Die Befugnis, *negativ* die Grenze zwischen Kindeswohl und Kindesschädigung zu definieren, d. h. unter Beachtung der verfassungsrechtlichen Grenzen des Elternrechts festzulegen, welche Erziehung nicht mehr mit dem Kindeswohl vereinbar ist, kommt dem Staat zu; er ist damit gleichzeitig der Notwendigkeit enthoben, eine positive Definition des Kindeswohls herbeizuführen. Die Markierung dessen, was sicherlich nicht mehr dem Wohl des Kindes entspricht, hat sich dabei an dem Maßstab zu orientieren, der „als sicheres Gedankengut in der allgemeinen Überzeugung Anerkennung gefunden" hat[207]. Es handelt sich um „negative Standards"[208], um von einem allgemeinen Konsens getragene Mindestanforderungen an die Umstände, in denen das Kind aufwächst[209]. D. h., nur solche Umstände, die im Hinblick auf die Verwirklichung eines (überindividuellen) Kindeswohls als nicht mehr tragbar, nicht mehr vertretbar erscheinen, dürfen zum Kriterium eines staatlichen Eingriffs in das Elternrecht gemacht werden[210].

---

[207] *E.-W. Böckenförde*, Elternrecht, S. 54 (77 f.) unter Berufung auf *Gernhuber*, FamRZ 1973, S. 229 (233).
[208] *Gernhuber*, FamRZ 1973, S. 229 (232).
[209] Vgl. auch *Ossenbühl*, Das elterliche Erziehungsrecht, S. 74; *E.-W. Böckenförde*, Elternrecht, S. 54 (77); *Beitzke*, FamRZ 1979, S. 8 (12).
[210] Im Ergebnis ebenso *Ossenbühl*, Das elterliche Erziehungsrecht, S. 63.

e) Art und Maß der Kindeswohlgefährdung

Die dem Staat kraft seines Wächteramts zukommende Schutz- und Verhütungsfunktion verbietet ihm, mit dem Eingreifen von Maßnahmen zuzuwarten, bis eine Beeinträchtigung des Kindeswohls eingetreten ist, die Gefahr also schon in einen Schaden umgeschlagen ist. Fraglich kann daher nur sein, wieweit die Gefahr für das Kindeswohl sich bereits als solche konkretisiert hat (Grad der Wahrscheinlichkeit des Schadenseintritts).

Es ist zweifelhaft, ob die hierzu im Polizei- und Ordnungsrecht entwickelte Terminologie, insbesondere die Differenzierung zwischen einfacher und drohender, gegenwärtiger, akuter, dringender oder unmittelbarer, bzw. unmittelbar bevorstehender Gefahr[211] weiterhilft. Abgesehen davon, daß die Anwendung dieser Kriterien auch im Ordnungsbehördenrecht nicht unerhebliche Schwierigkeiten bereitet[212], ist auch fraglich, ob sich bei einer derartig unbestimmten Größe wie der Beeinträchtigung des Kindeswohls einzeln abgrenzbare Stadien ihrer Verwirklichung festlegen lassen. Die ansonsten in der Regel mögliche Trennung von bloßem Vorfeld des Schadens (= Gefahr) und Eintritt des Schadens stößt auf Schwierigkeiten, wenn es etwa um die Abgrenzung geht, ob das psychische Wohl des Kindes nur gefährdet oder schon beeinträchtigt ist. Dies kann deshalb schwierig zu entscheiden sein, weil aus psychologischer Sicht auch der ständige Aufenthalt in bloßen Gefahrensituationen auf das Kind belastend wirken, u. U. zu Verhaltensstörungen führen und damit schon beeinträchtigende Wirkung haben kann. Angesichts dieses Befundes ist aus dem Schutzzweck des staatlichen Wächteramts zu folgern, daß staatliche Einwirkungen auf die Eltern bereits in einem frühen Stadium zulässig sein können.

f) Schwere der Beeinträchtigung des Kindeswohls

Von diesen Überlegungen zu trennen ist die Frage, wie schwerwiegend die voraussichtliche oder bereits eingetretene Beeinträchtigung des Kindeswohls sein muß, um ein Eingreifen des Staates zu rechtfertigen. Würde man jede Erziehungsmaßnahme oder -entscheidung, die dem Kind — wenn auch nur sehr kurzfristig — „unangenehm" ist, bei der das Kind sich also subjektiv nicht „wohl" fühlt, bereits als Beeinträchtigung des Kindeswohls ansehen, so wäre eine Gefährdung des Kindeswohls allgegenwärtig und eine Erziehung letztlich ausgeschlossen. Es muß daher zum einen aus der Sicht eines objektiven Betrachters entschieden werden, wann eine Kindeswohlgefährdung vorliegt, und

---

[211] Vgl. dazu etwa *Vogel*, in: Drews/Wacke/Vogel/Martens, Gefahrenabwehr, Bd. 1, 8. Aufl. 1975, S. 178 ff.

[212] Vgl. dazu *Erichsen*, VVDStRL 35 (1976), S. 171 (186).

zum anderen müssen die negativen Auswirkungen des elterlichen Verhaltens auf das Kindeswohl von einiger Erheblichkeit sein. Dies ist wohl — sprachlich ungenau formuliert — gemeint, wenn so häufig die Forderung nach einer gewissen „Erheblichkeit der Gefährdung" des Kindeswohls gestellt wird[213]. Ob deshalb allerdings die ausdrückliche Festschreibung eines solchen Erheblichkeitskriteriums in den jeweiligen Eingriffstatbeständen zu fordern ist („erhebliche", „nachhaltige", „schwere" Gefährdung)[214] mit der Folge, daß Normen, die dies nicht ausdrücklich vorsehen, verfassungswidrig sind, ist darüber hinaus auch deshalb fraglich, weil das Erfordernis einer gewissen Erheblichkeit ein bereits dem Begriff der Kindeswohlbeeinträchtigung immanentes Kriterium ist. Die oben[215] beschriebenen „negativen Standards" sind nämlich erst dann erreicht, wenn eine schwerwiegende Beeinträchtigung zu erwarten ist. Damit erübrigt sich die ausdrückliche Aufnahme dieses Kriteriums in die Eingriffstatbestände.

g) Bezug zum elterlichen Verhalten

Obgleich es der Sinn des staatlichen Wächteramtes ist, Verletzungen und Gefährdungen des Kindeswohls zu verhüten, bestehen Bedenken, den Eingriffstatbestand für den Staat auf den Begriff „Kindeswohlgefährdung" zu reduzieren, ohne dabei das elterliche Verhalten in irgendeiner Weise zu berücksichtigen. Vergegenwärtigt man sich, daß das Grundgesetz den Eltern ihre Verantwortung für die Erziehung als Recht gewährleistet und daß der elterlichen Erziehungsverantwortung — wenn auch nicht in dem Maße wie bei sonstigen Rechten — insofern eine „eigennützige" Komponente eigen ist, als sie den Eltern eine Möglichkeit zur Selbstverwirklichung und Daseinserfüllung bietet[216], so erscheint es von Verfassungs wegen notwendig, den staatlichen Eingriff von einer Ursächlichkeit des elterlichen Verhaltens für die Gefährdung des Kindeswohls abhängig zu machen[217].

Der Staat ist also nicht berechtigt, auf der Grundlage von Art. 6 Abs. 2 S. 2 GG Maßnahmen zum Schutze des Kindeswohls gegen die Eltern zu ergreifen, wenn die Gefährdung des Kindeswohls nicht auf einem objektiven Verstoß der Eltern gegen ihre Pflicht zur Pflege und Erziehung des Kindes beruht, sondern das Kindeswohl aus irgendeinem

---

[213] Im Grunde soll ja nicht die „Gefahr" erheblich sein, sondern der ohne ein Eingreifen zu erwartende „Schaden" für das Kind. Vgl. auch *Simon*, Die Reform des Rechts der elterlichen Sorge, S. 128 (137 Fn. 30).
[214] Vgl. dazu *Lüderitz*, AcP Bd. 178 (1978), S. 262 (294).
[215] Siehe oben S. 53.
[216] Dazu oben S. 32.
[217] Vgl. dazu insbesondere *Hinz*, Kindesschutz als Rechtsschutz, S. 39 f. und passim.

anderen Grunde, der keinen Bezug zum elterlichen Verhalten hat, gefährdet wird[218]. Die Vermutung, daß die Interessen des Kindes am besten von den Eltern wahrgenommen werden, kann nur durch ein dem Wohl des Kindes zuwiderlaufendes Verhalten *der Eltern* widerlegt werden. Weist ein Eingriffstatbestand keinerlei Bezug zum Verhalten der Eltern auf und erhebt ausschließlich die Gefährdung des Kindeswohls zur Grundlage des Eingriffs in das elterliche Erziehungsrecht, so liegt ein Verstoß gegen Art. 6 Abs. 2 GG vor[219]. Es liegt in der Konsequenz dieser Ausführungen, wenn das Bundesverfassungsgericht gerade in dieser Reihenfolge betont: „Art und Ausmaß des Eingriffs bestimmen sich nach dem Ausmaß des Versagens der Eltern und danach, was im Interesse des Kindes geboten ist."[220]

Damit hat das Bundesverfassungsgericht zugleich die Frage beantwortet, mit welchem Begriff das die Kindeswohlgefährdung typischerweise auslösende Verhalten der Eltern zu umschreiben ist. Es ist dies der Begriff des „Versagens". Berücksichtigt man, daß das Versagen der Eltern in Art. 6 Abs. 3 GG zur Grundlage des stärksten Eingriffs in die Familie, der Trennung des Kindes von der Familie, gemacht wird, so ist davon auszugehen, daß weniger gravierende Maßnahmen bei Versagen der Eltern erst recht zulässig sind. Gleiches hat wegen des in Art. 6 Abs. 3 GG genannten Begriffs der „Verwahrlosung" zu gelten, wenn Eltern ihre Kinder verwahrlosen lassen, das Kindeswohl also durch mangelnde oder mangelhafte Pflege gefährdet wird[221], durch ein Verhalten, das im allgemeinen als „Vernachlässigung" bezeichnet wird.

Mit den Termini „Versagen" und „Vernachlässigung" sind die Ursachen der Gefährdung des Kindeswohls für den Rechtsanwender allerdings nicht weniger unscharf umschrieben als deren Wirkung, die Kindeswohlgefährdung. Was als „Versagen" der Eltern anzusehen ist, läßt sich ohne Heranziehung des Begriffs der Kindeswohlgefährdung

---

[218] So auch *Beitzke,* FamRZ 1979, S. 8 (9); Palandt/*Diederichsen,* BGB, 44. Aufl. 1985, § 1666 Anm. 3; *Lissek,* Diskussionsbeitrag in: Essener Gespräche zum Thema Staat und Kirche, hrsg. v. Krautscheidt/Marré, Bd. 14 (1980), S. 147 f.; vgl. auch *Willutzki,* Diskussionsbeitrag ebd., S. 149; *Hinz,* Kindesschutz als Rechtsschutz, S. 37 und passim; *Richter,* in: Alternativ-Kommentar zum GG, 1984, Art. 6 Rdn. 38 a. E., 35. Gegen einen Pflichtwidrigkeitsbezug *Knöpfel,* FamRZ 1977, S. 605.

[219] Vgl. auch *Diederichsen,* FamRZ 1978, S. 461 (468). In diesem Sinne auch *Böckenförde,* Elternrecht, S. 54 (76). Vgl. auch *Hinz,* Kindesschutz als Rechtsschutz, S. 40; *Simon,* Die Reform des Rechts der elterlichen Sorge, S. 128 (134). A. A. offenbar *Ossenbühl,* Das elterliche Erziehungsrecht, S. 88 f.: freies Ermessen des Gesetzgebers.

[220] BVerfGE 24, S. 119 (145).

[221] Ob dies nur ein körperlicher oder aber auch ein geistig-seelischer Mangelzustand sein kann, hängt von der Bestimmung des Begriffs „Pflege" ab, vgl. oben S. 31 f.

nicht bestimmen[222]. Fest steht jedenfalls, daß „Versagen" nach allgemeinem Sprachgebrauch sowohl ein Moment der Erheblichkeit[223] als auch ein Moment längerer Zeitdauer[224] enthält. Ein einzelner erzieherischer Fehlgriff stellt in der Regel noch kein Versagen dar[225]. Erforderlich ist vielmehr ein gravierendes, ein grobes Fehlverhalten, welches die Feststellung zuläßt, die Eltern seien auf Dauer der Erziehungsaufgabe nicht gewachsen. „Das elterliche Fehlverhalten muß ... ein solches Ausmaß erreichen, daß das Kind bei einem Verbleiben in der Familie in seinem körperlichen, geistigen oder seelischen Wohl nachhaltig gefährdet ist."[226] „Der Sinn des Ausdrucks muß sich ungefähr an dem orientieren, was in dem Substantiv ‚Versager' anklingt."[227] Damit sind Anforderungen an das Ausmaß elterlichen Fehlverhaltens sowohl in qualitativer als auch in quantitativer Hinsicht gestellt. Die Gewichtigkeit des Fehlverhaltens kann sich zum einen aus der besonderen Tragweite und Intensität des einzelnen „Fehlgriffs" ergeben (Beispiel: Die Eltern machen sich einer Straftat gegenüber dem Kind schuldig), zum anderen aus dessen auffallender Häufigkeit.

Gleiches gilt für elterliches Fehlverhalten im Bereich der Pflege des Kindes. Auch hier genügen nicht jede Nachlässigkeit oder bloße punktuelle Versäumnisse bei der Pflege des Kindes. Verwahrlosung ist vielmehr die Folge langfristiger gewichtiger Vernachlässigung und resultiert aus einer generell vorhandenen Überforderung oder Ungeeignetheit der Erziehungsberechtigten, für das körperliche Wohl des Kindes zu sorgen[228].

h) Aus dem Übermaßverbot abgeleitete Grenzen

Grenzen des staatlichen Wächteramtes und der ihm innewohnenden Eingriffsbefugnis ergeben sich — insofern gelten hier die allgemeinen Grundsätze — aus dem Übermaßverbot. Dieses entfaltet Wirkkraft nicht erst bei der Anwendung der Norm, also bei der Auswahl der im Vollzug der gesetzlichen Regelung erfolgenden staatlichen Maßnahme, sondern bereits bei Erlaß der notwendigerweise typisierenden gesetzlichen Regelung. Die gesetzlichen Ermächtigungen zu staatlichen Eingriffen in

---

[222] *Ossenbühl*, Das elterliche Erziehungsrecht, S. 89, spricht von einer Relativierung der selbständigen Bedeutung dieses Maßstabs. Vgl. auch *Geiger*, Elterliche Erziehungsverantwortung, S. 9 (25 Fn. 23).
[223] Vgl. *Maunz*, in: Maunz/Dürig, GG, Stand Jan. 1985, Art. 6 Rdn. 36.
[224] Vgl. *Diederichsen*, NJW 1980, S. 1 (6).
[225] *H. Peters*, in: Bettermann/Nipperdey/Scheuner, Die Grundrechte, IV/1, 1960, S. 369 (387).
[226] BVerfGE 60, S. 79 (91).
[227] *Diederichsen*, NJW 1980, S. 1 (6), allerdings zum Begriff des „unverschuldeten Versagens" in § 1666 Abs. 1 BGB.
[228] Vgl. *H. Peters*, in: Bettermann/Nipperdey/Scheuner, Die Grundrechte, IV/1, 1960, S. 369 (387).

das Elternrecht sind daher nur dann verfassungsgemäß, wenn sie zur Erreichung des mit ihnen verfolgten Zwecks geeignet und erforderlich sind und nicht außer Verhältnis zu der Belastung stehen, die sie für die durch die Normanwendung Betroffenen herbeiführen.

Die Anwendung des Übermaßverbots auf eine gesetzgeberische Entscheidung setzt damit voraus, daß Klarheit über die vom Gesetzgeber beabsichtigten Ziele des Gesetzes besteht, da die Geeignetheit und Erforderlichkeit einer Norm nur anhand des mit ihr verfolgten Zwecks beurteilt werden kann[229].

Wäre der Gesetzgeber im Bereich der Kindererziehung in der Auswahl seiner Ziele völlig frei, so könnte er seine Bindung an das Übermaßverbot dadurch relativieren, daß er seine Zielsetzung entsprechend weit faßt[230]. Indessen ist er bei der Ausgestaltung des Eltern-Staat-Kind-Verhältnisses und den politischen Zielsetzungen in diesem Bereich der verfassungsrechtlichen Bindung durch Art. 6 Abs. 2 S. 2 GG unterworfen. Der sich aus dieser Vorschrift ergebende begrenzte Spielraum für staatliche Eingriffe in das Elternrecht kann zugleich als Zielvorgabe und Gestaltungsauftrag für den Gesetzgeber aufgefaßt werden. Der Staat hat danach dafür zu sorgen, daß eine der Rahmenvorgabe des Kindeswohls entsprechende Erziehung und Pflege stattfindet. Allein dies soll der ausschließlich verfassungsrechtlich vorgegebene Zweck staatlicher Einmischung in die familiäre Erziehung sein. An ihm ist also die Eignung gesetzlicher Maßnahmen zur Begrenzung und Einschränkung des Elternrechts zu messen. Bei der Prüfung der Angemessenheit bzw. Verhältnismäßigkeit i. e. S. ist darauf zu achten, daß die Beeinträchtigung des Elternrechts nicht außer Verhältnis zur beabsichtigten Sicherung des Kindeswohls steht.

i) Der Schutz der Familie — Art. 6 Abs. 1 GG

In die hier vorzunehmende Güterabwägung fließt noch ein weiterer wesentlicher Gesichtspunkt ein, der sich aus Art. 6 Abs. 1 GG ergibt. Wie oben[231] bereits dargestellt, erachtet das Grundgesetz die Familie als kleinste überindividuell ausgerichtete gesellschaftliche Einheit für schutz- und förderungswürdig.

Diese in Art. 6 Abs. 1 GG zum Ausdruck kommende besondere Wertigkeit der Familie bestimmt und begrenzt die staatliche Tätigkeit im Rahmen des Art. 6 Abs. 2 S. 2 GG. Der Staat muß daher auch entsprechend der Wertungsvorgabe des Art. 6 Abs. 2 S. 1 GG („zuvörderst") zunächst versuchen, die Funktionsfähigkeit der Familie zu erhalten,

---

[229] Vgl. *Herzog*, in: Maunz/Dürig, GG, Stand Jan. 1985, Art. 20, VII., Rdn. 51.
[230] Vgl. *Herzog*, in: Maunz/Dürig, GG, Stand Jan. 1985, Art. 20, VII., Rdn. 51.
[231] Vgl. S. 39.

G. „Wächteramt" des Staates gemäß Art. 6 Abs. 2 S. 2 GG

bzw. die Familie wieder funktionsfähig zu machen. Der familieninterne Bereich muß von staatlicher Einmischung möglichst freigehalten werden[232]. Dies beruht auf der — in Bezug auf die Eltern bereits genannten[233] — Erwägung, daß ein Kind in der eigenen Familie am besten aufgehoben ist und daß ihm dort all das zuteil werden wird, was es für sein Wohl und seine Erziehung nötig hat[234].

Hieraus ergeben sich auch Folgerungen für die Anwendung des Übermaßverbots. Zum einen ist der Staat als Gesetzgeber verpflichtet, sein Wächteramt in erster Linie dadurch wahrzunehmen, daß er die Erziehungskraft der Familie durch Erlaß von Normen, die auf Herstellung oder Wiederherstellung eines verantwortungsgerechten Verhaltens der Eltern gerichtet sind, stärkt. Dies kann dadurch geschehen, daß er normativ entsprechende Hilfen zur Verfügung stellt und ihre Verteilung und Inanspruchnahme regelt und zwar in der Weise, daß die Subsidiarität staatlichen Eingriffs gegenüber staatlicher Hilfe deutlich wird. Ein gesetzlicher Tatbestand, der Maßnahmen gegen den Willen der Eltern zuläßt, darf erst dann eingreifen, wenn die Hilfsmöglichkeiten nach anderen Normen nicht mehr ausreichen oder von den Eltern nicht angenommen werden[235].

Dabei darf allerdings — wie bereits mehrfach betont — nicht übersehen werden, daß auch die Fülle und Vielfalt staatlicher Leistungs- und Hilfsangebote „die Familie geradezu umlagern und bedrängen" können[236], auf diese Weise selbst Eingriffseffekt haben können und zudem die hergebrachte Differenzierung zwischen Eingriff und Leistung zumal im sog. grundrechtsrelevanten Bereich zunehmend fragwürdig erscheint[237]. Zum anderen muß der Staat in seiner Funktion als Normanwender dann, wenn eine das elterliche Erziehungsrecht belastende Maßnahme zum Wohle des Kindes unumgänglich ist, die Maßnahme möglichst so wählen, daß die familiäre Eltern-Kind-Beziehung bewahrt oder — falls sie bereits zerstört ist — wiederhergestellt wird. Auch auf der Rechtsanwendungsebene ist er daher gehalten, zunächst Hilfen zu gewähren und auf die Möglichkeiten freiwilliger Inanspruchnahme von Leistungen hinzuweisen und erst zuletzt zu Maßnahmen gegen den Willen der Eltern zu greifen.

---

[232] Vgl. auch *Stolleis*, Eltern- und Familienbildung als Aufgabe der Jugendhilfe, 1978, S. 75 f.
[233] Vgl. oben S. 51 f.
[234] BVerwGE 52, S. 214 (217).
[235] Vgl. BVerfGE 24, S. 119 (145) und insbesondere BVerfGE 60, S. 79 (91 ff.); *Stolleis*, Eltern- und Familienbildung als Aufgabe der Jugendhilfe, 1978, S. 43 f.
[236] So *Isensee*, Diskussionsbeitrag in: Essener Gespräche zum Thema Staat und Kirche, hrsg. v. Krautscheidt/Marré, Bd. 14 (1980), S. 153.
[237] Vgl. dazu S. 20.

Zweites Kapitel

Die Verfassungsmäßigkeit der Eingriffstatbestände des elterlichen Sorgerechts

A. § 1666 Abs. 1 S. 1 BGB

Wichtigste Vorschrift für staatliche Maßnahmen auf dem Gebiet der elterlichen Sorge ist der aufgrund des Gesetzes zur Neuregelung der elterlichen Sorge vom 18. 7. 1979 neugefaßte § 1666 BGB in Verbindung mit dem ebenfalls im Zuge der Reform des Sorgerechts eingefügten § 1666 a BGB. Auch nachdem es aufgrund der verfassungsrechtlichen Bedenken gegen die vom Regierungsentwurf ursprünglich vorgesehene Fassung des § 1666 BGB zu einer Art Kompromißlösung zwischen der Entwurfsfassung und dem alten Wortlaut des § 1666 BGB gekommen war, kann die Diskussion um die Verfassungsmäßigkeit der schließlich Gesetz gewordenen Fassung nicht als abgeschlossen angesehen werden.

§ 1666 Abs. 1 S. 1 BGB, „Generalklausel"[1] und zentrale Norm für den vormundschaftsgerichtlichen Schutz der persönlichen Kindesentwicklung, läßt ein Eingreifen in die elterliche Erziehung dann zu, wenn das körperliche, geistige oder seelische Wohl des Kindes gefährdet wird, und zwar

— durch mißbräuchliche Ausübung der elterlichen Sorge,

— durch Vernachlässigung des Kindes,

— durch unverschuldetes Versagen der Eltern oder

— durch das Verhalten eines Dritten,

und die Eltern zudem nicht gewillt oder nicht in der Lage sind, die Gefahr abzuwenden. In diesen Fällen darf das Vormundschaftsgericht die zur Abwendung der Gefahr erforderlichen Maßnahmen treffen. Diese stehen im Ermessen des Gerichts. Sie können in bloßen Ermahnungen, Verwarnungen, Ge- und Verboten bestehen, aber auch im teilweisen Entzug des Personensorgerechts, etwa des Aufenthaltsbestimmungsrechts, damit das Kind in einer anderen Familie oder in einem Heim untergebracht werden kann. Führt die anzuordnende Maßnahme

---

[1] *Lüderitz*, AcP Bd. 178 (1978), S. 262 (290).

allerdings zu einer Trennung des Kindes von der elterlichen Familie, stellt § 1666 a Abs. 1 BGB zusätzliche Voraussetzungen auf. Eine Trennung des Kindes von seinen Eltern ist danach nur zulässig, wenn der Gefahr nicht auf andere Weise, auch nicht durch öffentliche Hilfen, begegnet werden kann. Notwendig zur Trennung zwischen Eltern und Kind führt die vollständige Entziehung des elterlichen Sorgerechts, die damit gleichzeitig die einschneidendste unter den nach §§ 1666, 1666 a BGB zulässigen Maßnahmen ist. Daß sie am Übermaßverbot zu messen ist, ist eine Selbstverständlichkeit, die in § 1666 a Abs. 2 BGB noch einmal ausdrücklich Erwähnung gefunden hat.

1. Auswirkungen auf das elterliche Erziehungsrecht

Adressaten der nach § 1666 Abs. 1 S. 1 BGB möglichen Maßnahmen sind die Eltern. Betroffen wird durch sie ihr elterliches Personensorgerecht, das gemäß § 1626 Abs. 1 S. 2 BGB neben der Vermögenssorge ein Teil der gesamten elterlichen Sorge ist. Inhalt des elterlichen Personensorgerechts sind gemäß § 1631 Abs. 1 BGB insbesondere das Recht und die Pflicht, das Kind zu pflegen, zu erziehen, zu beaufsichtigen und seinen Aufenthalt zu bestimmen. Weitere Bestandteile der Personensorge finden sich in den §§ 1631 Abs. 2 bis 1634 BGB, etwa der Anspruch der Eltern auf Herausgabe des Kindes gemäß § 1632 Abs. 1 BGB und das Umgangsbestimmungsrecht nach § 1632 Abs. 2 BGB. Darüber hinaus enthalten zahlreiche andere Bestimmungen, auch solche außerhalb des BGB, Rechte und Pflichten der Eltern in Bezug auf die Entwicklung des Kindes, die Ausformung der elterlichen Personensorge sind. Als Beispiel sei die in den Schul(pflicht)gesetzen angeordnete Verpflichtung der Eltern genannt, das Kind regelmäßig am schulischen Unterricht teilnehmen zu lassen[2].

Stimmen nach dem oben Gesagten[3] einerseits „Pflege und Erziehung" im Sinne des Grundgesetzes und „Personensorge" inhaltlich weitestgehend überein und ermächtigt andererseits § 1666 Abs. 1 S. 1 BGB den Vormundschaftsrichter u. a. dazu, die elterliche Personensorge einzuschränken, so folgt daraus, daß zumindest diese Rechtsfolge der Anwendung des § 1666 Abs. 1 S. 1 BGB zugleich auch den Schutzbereich des Grundrechts aus Art. 6 Abs. 2 S. 1 GG betrifft. Gleiches trifft — wie oben ausgeführt[4] — auf Weisungen, Gebote und Verbote zu, die vom Vormundschaftsgericht gegenüber den Eltern ausgesprochen werden, da diese dazu bestimmt und geeignet sind, die elterliche Erziehung und Pflege im konkreten Fall anders zu gestalten als es deren zuvor in

---

[2] Vgl. auch BayObLG NJW 1984, S. 928.
[3] Siehe S. 31, 45.
[4] Siehe S. 45.

ihrem Verhalten gegenüber dem Kind zum Ausdruck gekommenen Vorstellungen entspricht. Auch bloße Ermahnungen müssen nicht stets ihre Wirkung verfehlen und können, wenn sie von den Eltern ernst genommen werden, Auswirkungen auf das Erziehungsverhalten haben.

Maßnahmen nach § 1666 Abs. 1 S. 1 BGB beeinträchtigen somit regelmäßig den Schutzbereich des Art. 6 Abs. 2 S. 1 GG. Das bedeutet aber nicht, daß erst diese Einzelakte gegen Art. 6 Abs. 2 S. 1 GG verstoßen können. Vielmehr muß die verfassungsrechtliche Prüfung bereits an der Norm ansetzen, die Grundlage der Einzelmaßnahme ist[5]. Ist sie verfassungswidrig, so sind die auf sie gegründeten Maßnahmen es allerdings auch, während der umgekehrte Schluß von der Verfassungswidrigkeit der Maßnahme auf die Verfassungswidrigkeit der Norm nicht zwingend ist, da die Maßnahme aus außerhalb der Norm liegenden Gründen gegen die Verfassung verstoßen kann (z. B. wegen Nichtbeachtung des Übermaßverbots bei der Auswahl der Maßnahme im Gesetzesvollzug).

Für die Verfassungswidrigkeit des § 1666 Abs. 1 S. 1 BGB ist daher wesentlich, ob sein Tatbestand, dessen Erfüllung Voraussetzung für die vormundschaftsgerichtlichen Maßnahmen ist, den oben dargestellten Anforderungen entspricht, die sich aus Art. 6 Abs. 2 GG für staatliche Einwirkungen auf die elterliche Pflege und Erziehung ergeben.

2. Die Eingriffstatbestände im einzelnen

a) Die Vernachlässigung des Kindes

Mit dem Begriff „Vernachlässigung" des Kindes werden allgemein Fälle der „Untätigkeit", der Passivität, der unterlassenen Einflußnahme der Eltern gegenüber dem Kind umschrieben[6]. Dieser Begriff wird hier allerdings nicht in der umgangssprachlich weiten Auslegung verwendet, sondern beschränkt sich auf ein Verhalten der Eltern, das man selbst bei großzügiger Betrachtung nicht mehr als „Pflege und Erziehung" bezeichnen kann, sondern nur noch als deren Gegenteil[7]. Der Tatbestand der Vernachlässigung des Kindes i. S. des § 1666 Abs. 1 S. 1 BGB bezeichnet damit ein Verhalten der Eltern, das vom Schutzbereich des Art. 6 Abs. 1 S. 1 GG nicht mehr gedeckt ist, weil dieser mit „Pflege und Erziehung" ein aktives Tätigwerden zum Wohle des Kindes bezeichnet. Die Eltern handeln also pflichtwidrig, wenn sie das Kind ver-

---

[5] Vgl. auch *Schmitt Glaeser*, DÖV 1978, S. 629 (632).

[6] Vgl. *Hinz*, in: Münchener Kommentar zum BGB, 1977—83, § 1666 (2. Lfg.) Rdn. 33. Vgl. weiter *Horndasch*, Zum Wohle des Kindes, S. 184; Ermann/*Ronke*, BGB, 7. Aufl. 1981, § 1666 Rdn. 10; Soergel/*Lange*, BGB, 11. Aufl. 1978—83, § 1666 Rdn. 29.

[7] BVerfGE 24, S. 119 (143).

nachlässigen und bewegen sich damit außerhalb der dem Elternrecht gezogenen Grenzen.

Es kommt nicht darauf an, aus welchem Grund Eltern so handeln. In der Mehrzahl der Fälle wird dies ohnehin nicht bewußt geschehen, sondern auf Gleichgültigkeit beruhen. Da ein Mangel an Pflege und Zuwendung stets das Wohl des Kindes beeinträchtigt — je jünger es ist, um so mehr —, ist der Staat berechtigt und verpflichtet, die Pflege und Erziehung des Kindes sicherzustellen und die zu diesem Zweck geeigneten Maßnahmen zu treffen. Die von der Verfassung aufgestellten Voraussetzungen für einen Eingriff in das Elternrecht sind daher bei der durch Vernachlässigung des Kindes entstandenen Kindeswohlgefährdung gegeben.

b) Der Mißbrauch des Personensorgerechts

Schädliche Auswirkungen auf das Wohl des Kindes kann aber nicht nur das Unterlassen jeglicher Pflege und Erziehung haben, sondern auch ein positives Tun der Eltern. Diese Kategorie elterlichen Verhaltens gegenüber dem Kind läßt sich mit „Mißbrauch" des Elternrechts kennzeichnen, „mißbräuchlich" insofern, als die elterlichen Erziehungsmaßnahmen nicht dem Zweck dienen, das Wohl und die Entwicklung des Kindes zu fördern, sondern sich als Ausnutzung der elterlichen Rechtsstellung zum Schaden des Kindes darstellen[8].

Die Anknüpfung von Sanktionen an diese Art unzulässiger Rechtsausübung entspricht dem aus dem Grundsatz von Treu und Glauben folgenden Prinzip der Verwirkung[9]. Danach kann derjenige, der von einer ihm zustehenden formalen Rechtsposition zweckfremden und funktionswidrigen Gebrauch macht, u. U. das Recht verwirken und sich in Zukunft nicht mehr darauf berufen. Dieser aus dem Privatrecht stammende Satz läßt sich auf das von Art. 6 Abs. 2 GG geregelte Eltern-Staat-Verhältnis allerdings nicht ohne weiteres übertragen. Hiergegen erheben sich insbesondere Bedenken im Blick auf den die Verwirkung von Grundrechten regelnden Art. 18 GG[10].

Der Staat darf also bei Mißbrauch des Erziehungsrechts nicht etwa deshalb eingreifen, weil die Eltern das Elternrecht des Art. 6 Abs. 2 S. 1

---

[8] Vgl. etwa Palandt/*Diederichsen*, BGB, 44. Aufl. 1985, § 1666 Anm. 4 a aa; *Schmitt Glaeser*, Das elterliche Erziehungsrecht, S. 25; *Hinz*, in: Münchener Kommentar zum BGB, 1977—83, § 1666 (2. Lfg.) Rdn. 29; Soergel/*Lange*, BGB, 11. Aufl. 1978—83, § 1666 Rdn. 20; BayObLG FamRZ 1981, S. 814 (816); BayObLG NJW 1984, S. 928; OLG Hamm FamRZ 1974, S. 29 (31); OLG Karlsruhe FamRZ 1974, S. 661 (662).

[9] Palandt/*Diederichsen*, BGB, 44. Aufl. 1985, § 1666 Anm. 4 a aa; vgl. auch *Schmitt Glaeser*, Das elterliche Erziehungsrecht, S. 25.

[10] Siehe bereits oben, S. 46.

GG verwirkt hätten. Dieses steht ihnen trotz in der Vergangenheit liegenden Mißbrauchs zur Abwehr gegenwärtiger und zukünftiger staatlicher Eingriffe auch weiterhin zu[11]. Die Rechtmäßigkeit staatlicher Sanktionen bei mißbräuchlicher Ausübung des elterlichen Sorgerechts beruht vielmehr auf denselben Erwägungen, die ein Einschreiten bei Vernachlässigung des Kindes rechtfertigen und erfordern, nämlich auf der Verpflichtung des Staates, das Kindeswohl zu sichern. Staatliche Maßnahmen sind daher nicht als Bestrafung für vergangenes Fehlverhalten der Eltern aufzufassen[12]; sie sollen bereits eingetretene Schäden beim Kind korrigieren und zukünftige Schäden und Gefährdungen des Kindeswohls verhindern, die bei weiterer mißbräuchlicher Ausübung des Sorgerechts zu erwarten sind.

Dementsprechend setzt § 1666 Abs. 1 S. 1 BGB neben der mißbräuchlichen Ausübung des elterlichen Sorgerechts (bzw. den übrigen Tatbestandsvarianten) das Hinzutreten des zusätzlichen Merkmals voraus, daß „die Eltern nicht gewillt oder nicht in der Lage sind, die Gefahr abzuwenden". Das Vormundschaftsgericht darf also schon nach dem Wortlaut der Norm erst dann eingreifen, wenn es die Feststellung und Prognose getroffen hat, den Eltern mangele es an der Bereitschaft oder Fähigkeit zur Gefahrenabwendung.

Diese Prognose kann dann getroffen werden, wenn die Eltern zu erkennen geben, daß sie die bisherige mißbräuchliche Ausübung ihrer Rechtsposition gegenüber dem Kinde nicht aufgeben werden. Ist das der Fall, so ist damit die Gefährdung des Kindeswohls vorgezeichnet und der Staat in die Pflicht genommen, Abhilfe zu schaffen.

Die Anknüpfung staatlicher Maßnahmen an eine durch den Mißbrauch des elterlichen Erziehungsrechts hervorgerufene Kindeswohlgefährdung ist daher durch das „Wächteramt" gedeckt und insofern verfassungsgemäß.

c) Unverschuldetes Versagen der Eltern

Gemäß § 1666 Abs. 1 S. 1 BGB hat das Vormundschaftsgericht weiterhin dann Maßnahmen zu treffen, wenn das Kindeswohl durch unverschuldetes Versagen der Eltern gefährdet wird. Dieses durch die Sorgerechtsreform zusätzlich eingeführte Kriterium für ein Eingreifen des Vormundschaftsgerichts war unter dem Stichwort „Aufgabe des Verschuldensprinzips" im besonderen Maße Gegenstand der verfassungs-

---

[11] *E.-W. Böckenförde*, Elternrecht, S. 54 (78) unterscheidet hier das Recht *auf* Erziehung und Rechte *aus* der Erziehungsbefugnis und knüpft an diese Differenzierung die Eingriffsbefugnis des Staates.

[12] *E.-W. Böckenförde*, Elternrecht, S. 54 (78); *Belchaus*, Elterliches Sorgerecht, 1980, § 1666 Rdn. 4.

A. § 1666 Abs. 1 S. 1 BGB

rechtlichen und politischen Diskussion. Sie war von der Sorge getragen, die Neuregelung könne wegen ihrer Unbestimmtheit zum gefährlichen „Einfallstor für staatliche Einmischung" in die Erziehungsverantwortung der Eltern werden[13].

Zwar verlangte auch § 1666 BGB a. F. ausdrücklich kein Verschulden der Eltern an der Kindeswohlgefährdung[14]; jedoch hatte die Rechtsprechung dieses Erfordernis als ungeschriebenes Merkmal des auch schon in der alten Fassung enthaltenen Mißbrauchs- und Vernachlässigungstatbestandes angesehen[15]. Diese Rechtsprechung war allerdings immer umstritten[16].

Auch unter der geltenden Fassung des § 1666 Abs. 1 BGB herrscht keine Einigkeit darüber, ob nicht etwa im Mißbrauchs- und Vernachlässigungstatbestand begriffsnotwendig ein Verschulden enthalten sei[17]. Über diese Frage zu streiten ist allerdings im Hinblick auf den neu eingeführten Eingriffstatbestand des unverschuldeten Versagens müßig. Da „elterliches Versagen" als Oberbegriff den Sorgerechtsmißbrauch und die Kindesvernachlässigung einschließt[18] und somit in Fällen einer den Eltern nicht vorwerfbaren Kindeswohlgefährdung stets als Auffangstatbestand eingreifen würde[19], hat sich die verfassungsrechtliche Prüfung des § 1666 Abs. 1 S. 1 BGB darauf zu konzentrieren, ob das Grundgesetz einen Eingriff in das Elternrecht überhaupt nur bei Verschulden der Eltern erlaubt.

Vom Ergebnis her besteht Einigkeit darüber, daß es Fälle gibt, in denen das Kindeswohl einen Eingriff in das elterliche Sorgerecht erfordert, ohne daß den Eltern ein Schuldvorwurf gemacht werden kann.

---

[13] So insbes. *Giesen*, FamRZ 1977, S. 594 (595); ders., JZ 1982, S. 817 (826 f.).

[14] Von „sich schuldig machen" war nur in der letzten Tatbestandsvariante des § 1666 BGB a. F. die Rede (Kindeswohlgefährdung durch ehrloses oder unsittliches Verhalten), die durch die Sorgerechtsreform weggefallen ist.

[15] Vgl. etwa BayObLG FamRZ 1977, S. 473 (474); BayObLG FamRZ 1978, S. 135 (136); OLG Hamm FamRZ 1974, S. 29 (31). Vgl. dazu auch *Simon*, Die Reform des Rechts der elterlichen Sorge, S. 128 (135); *Hinz*, Kindesschutz als Rechtsschutz, S. 11 ff.; Palandt/*Diederichsen*, BGB, 38. Aufl. 1979, § 1666 Anm. 2.

[16] Dagegen etwa *Gernhuber*, FamRZ 1973, S. 229 (234); *Beitzke*, ZBlJugR 1973, S. 121 (127); *D. Reuter*, Kindesgrundrechte und elterliche Gewalt, 1968, S. 81 und 192. Weit. Nachw. bei *Fehnemann*, ZBlJugR 1984, S. 157 (158 f.).

[17] So Palandt/*Diederichsen*, BGB, 44. Aufl. 1985, § 1666 Anm. 1; Soergel/*Lange*, BGB, 11. Aufl. 1978—83, § 1666 Rdn. 17; *Jans/Happe*, Gesetz zur Neuregelung des Rechts der elterlichen Sorge, 1980, § 1666 Rdn. 16. A. A. *Hinz*, in: Münchener Kommentar zum BGB, 1977—83, § 1666 (2. Lfg.) Rdn. 19 ff.

[18] *Hinz*, in: Münchener Kommentar zum BGB, 1977—83, § 1666 (2. Lfg.) Rdn. 34.

[19] Vgl. *Horndasch*, Zum Wohle des Kindes, S. 141; *Hinz*, in: Münchener Kommentar zum BGB, 1977—83, § 1666 (2. Lfg.) Rdn. 21; Palandt/*Diederichsen*, BGB, 44. Aufl. 1985, § 1666 Anm. 4 a cc; Soergel/*Lange*, BGB, 11. Aufl. 1978—83, § 1666 Rdn. 31.

2. Kap.: Verfassungsmäßigkeit der sorgerechtl. Eingriffstatbestände

Als Beispiel mag die von den Eltern aus religiöser Überzeugung abgelehnte Bluttransfusion gelten, die ihrem Kind das Leben retten würde, oder die Erziehung eines geistig gesunden Kindes durch schwachsinnige und deshalb schuldunfähige Eltern[20]. Indessen hätte der Gesetzgeber diese Fälle und Fallgruppen[21] auch durch enumerative Aufzählung und exakte Umschreibung als Ausnahmen kenntlich machen und es prinzipiell beim Verschuldensprinzip belassen können[22]. Das eigentliche verfassungsrechtliche Problem lautet daher, ob § 1666 Abs. 1 S. 1 BGB generell vom Verschuldenserfordernis absehen durfte.

Der generelle Verzicht auf das Verschuldenserfordernis wäre verfassungswidrig, wenn der Verschuldensgrundsatz die Funktion hätte, unzulässige Beeinträchtigungen der Familie zu verhindern, er also insbesondere notwendig wäre, um dem Vorrang der Eltern bei der Erziehung im religiösen, politischen oder weltanschaulichen Bereich Rechnung zu tragen[23]. Eine von der Auffassung des Vormundschaftsrichters abweichende politische oder religiöse Einstellung der Eltern, in deren Geiste sie ihre Kinder erziehen, kann nicht als Verschulden angesehen werden, da schon angesichts der Wertungsvorgabe des Art. 4 Abs. 1 GG niemandem wegen seiner religiösen oder politischen Überzeugung der Vorwurf schuldhaften Sorgerechtsmißbrauchs gemacht werden kann. Indessen ist zweifelhaft, ob die Abwehr „ideologischer Besserwisserei"[24] des Staates nur und gerade oder „am besten" durch das Verschuldenserfordernis gewährleistet ist, wie *Diederichsen*[25] meint. Sollte ein vormundschaftsgerichtlicher Eingriff tatsächlich mit einer bestimmten das Kindeswohl gefährdenden weltanschaulichen Erziehung begründet werden, so setzt dies vielmehr voraus, daß sich diese Erziehung als „Versagen" im Sinne des § 1666 Abs. 1 S. 1 BGB qualifizieren läßt.

Welches Verhalten der Eltern gegenüber ihrem Kind als „Versagen" i. S. des Art. 6 Abs. 3 GG zu qualifizieren ist, wurde bereits ausgeführt[26]. Für den Versagens-Begriff des § 1666 Abs. 1 S. 1 BGB gilt insofern nichts anderes. Auch hier wird nur ein gravierendes Fehlverhalten, die

---

[20] Dazu BVerfGE 60, S. 78 (88 ff.).
[21] Näher dazu *Diederichsen*, FamRZ 1978, S. 461 (470 ff.).
[22] Dies fordert *Diederichsen*, FamRZ 1978, S. 461 (470 ff.).
[23] So *Diederichsen*, FamRZ 1978, S. 461 (469); *Habscheid*, Die zivilrechtliche Problematik des Reformentwurfs zum Recht der elterlichen Sorge, in: Sozialisierung der Familie?, hrsg. v. Stockinger, 1979, S. 19 (31). Vgl. auch *Bosch*, FamRZ 1973, S. 407. Zu diesem Argument vgl. weiter *Hinz*, Kindesschutz als Rechtsschutz, S. 14 mit Hinweis auf die Erwägungen des historischen Gesetzgebers; *Fehnemann*, ZBlJugR 1984, S. 157 (160).
[24] *Diederichsen*, FamRZ 1978, S. 461 (469).
[25] FamRZ 1978, S. 461 (469 f.); *ders.*, in: H. Geißler (Hrsg.), Recht sichert die Freiheit, 1978, S. 99 (100).
[26] Siehe oben, S. 56 f.

gröbliche Nichterfüllung der elterlichen Pflichten, erfaßt[27]. „Versagen" als Oberbegriff des Sorgerechtsmißbrauchs und der Kindesvernachlässigung erstreckt sich zunächst auf die Fälle, in denen bei persönlicher Vorwerfbarkeit ein Mißbrauch des elterlichen Sorgerechts bzw. eine Vernachlässigung des Kindes vorliegen würde[28].

Allerdings kommt dem Versagenstatbestand diese Auffangfunktion für Fälle bloß objektiven Mißbrauchs des Elternrechts nur dann zu, wenn man in dem Mißbrauchs- und Vernachlässigungstatbestand ein Verschuldenserfordernis hineinliest[29]. Verzichtet man hingegen auch dort auf das Verschuldenserfordernis, so gewinnt der Versagens-Tatbestand eigenständige Bedeutung nur noch insoweit, als er sich auf ein Gesamtverhalten der Eltern bezieht, welches sich nicht in pflichtwidrige konkrete Einzelmaßnahmen zerlegen läßt, wo das Kindeswohl vielmehr durch eine generell vorhandene Überforderung oder Ungeeignetheit der Eltern gefährdet ist[30]. Auch diese generelle Ungeeignetheit muß gravierend sein. Der hiernach den Eltern nicht nur im politisch-religiös-weltanschaulichen Bereich verbleibende Freiraum bei der Erziehung ihrer Kinder entspricht dem verfassungsrechtlich verbürgten Primat des elterlichen Erziehungsrechts. Daß etwa die Versagung des ersehnten Motorrads, das Verbot der Teilnahme an einem bestimmten Ferien-Jugendlager[31] keine Einmischung des Staates rechtfertigen, ergibt sich nicht nur aus fehlendem Verschulden der Eltern; hier liegt auch kein Versagen i. S. des § 1666 Abs. 1 S. 1 BGB vor.

Ist demzufolge bereits das Tatbestandsmerkmal „Versagen" geeignet, ideologie- und staatsabwehrende Funktion zu übernehmen, so ist das Verschuldensprinzip nicht notwendig, um den Vorrang der Eltern bei der (ideologischen) Erziehung des Kindes zu sichern. Hiergegen unter dem Gesichtspunkt der Unbestimmtheit dieses Merkmals erhobene Bedenken sind zwar nicht von der Hand zu weisen, überzeugen aber letztlich nicht. Zum einen könnte sich auch die Beibehaltung des Verschuldensprinzips von diesem Vorwurf nicht freimachen, fragt es sich doch,

---

[27] Vgl. *Schmitt Glaeser*, Das elterliche Erziehungsrecht, S. 25, der dies aber offenbar als „evidentes" Fehlverhalten versteht; ähnlich auch Palandt/*Diederichsen*, BGB, 44. Aufl. 1985, § 1666 Anm. 4 a cc. Der Qualifizierung des Elternverhaltens als Versagen muß eine so negative Beurteilung der Persönlichkeit der Eltern zugrundeliegen, daß diese in ihrem Grundrecht aus Art. 2 Abs. 1 GG betroffen sind, vgl. BVerfGE 60, S. 79 (91). A. A. *Hinz*, in: Münchener Kommentar zum BGB, 1977—83, § 1666 (2. Lfg.) Rdn. 34; Soergel/*Lange*, BGB, 11. Aufl. 1978—83, § 1666 Rdn. 31.

[28] Vgl. *Diederichsen*, NJW 1980, S. 1 (7); Palandt/*Diederichsen*, BGB, 44. Aufl. 1985, § 1666 Anm. 4 a.

[29] Vgl. oben S. 65.

[30] Vgl. *Hinz*, in: Münchener Kommentar zum BGB, 1977—83, § 1666 (2. Lfg.) Rdn. 34.

[31] Beispiele von *Giesen*, FamRZ 1977, S. 594 (595).

welches Verhalten der Eltern als schuldhaft zu bezeichnen ist[32]. Daher steht auch nicht zu befürchten, daß Eltern wegen „Versagens" häufiger „ausgeschaltet" werden könnten als es vor der Novellierung des § 1666 Abs. 1 S. 1 BGB der Fall war[33]. Zum anderen ist die Verwendung solcher unbestimmter (Rechts-)Begriffe notwendig, um flexible und im Einzelfall gerechte Lösungen zu ermöglichen. Sind sie zudem durch die Kasuistik der Rechtsprechung weitgehend bestimmt, ist aus verfassungsrechtlicher Sicht nichts gegen sie einzuwenden. Gestützt wird diese Argumentation durch den Wortlaut des Art. 6 Abs. 3 GG, der selbst für den stärksten Eingriff in das elterliche Erziehungsrecht, die Trennung des Kindes von der Familie, nicht mehr als ein Versagen fordert und auch im übrigen eindeutig an objektive Kriterien anknüpft[34].

Die Aufgabe des Verschuldensprinzips ist damit nicht verfassungswidrig[35]; seine Abschaffung wird im Gegenteil von der Verfassung gefordert[36]. Ob dies damit zu begründen ist, daß „personenrechtliche Beziehungen ... grundsätzlich der falsche Ort für Denken in Schuldzusammenhängen" sind, wie *Lüderitz*[37] meint, ist allerdings zweifelhaft[38]. Bedenkt man aber, daß das staatliche Wächteramt seine Legitimation aus der Verpflichtung auf das Kindeswohl bezieht und daß dieses nicht nur durch ein den Eltern vorwerfbares Verhalten beeinträchtigt werden kann, sondern auch durch deren Unfähigkeit, Ungeeignetheit, Uneinsichtigkeit oder schlichte Überforderung, so ist es konsequent, eine staatliche Verpflichtung zum Einschreiten auch dort anzunehmen, wo die Eltern lediglich objektiv pflichtwidrig handeln, eine individuelle Vorwerfbarkeit dieses Handelns aber nicht möglich ist[39]. Dies ist auch z. B. für die Verhängung von Fürsorgeerziehung (§ 64 JWG) nie angezweifelt worden.

---

[32] Dies erkennt auch *Giesen,* FamRZ 1977, S. 594 (595).
[33] So aber offenbar *Bosch,* FamRZ 1980, S. 739 (749).
[34] So auch *Schmitt Glaeser,* DÖV 1978, S. 629 (631); *Richter,* in: Alternativ-Kommentar zum GG, 1984, Art. 6 Rdn. 28; *Knöpfel,* FamRZ 1977, S. 600 (604); vgl. auch *Hinz,* in Münchener Kommentar zum BGB, 1977—83, § 1666 (2. Lfg.) Rdn. 34. A. A. *H. Peters,* in: Bettermann/Nipperdey/Scheuner, Die Grundrechte, IV/1, 1960, S. 369 (387 f.), der zwar für „Verwahrlosung" i. S. des Art. 6 Abs. 3 GG kein Verschulden voraussetzt, wohl aber gerade für den Begriff des „Versagens".
[35] Ebenso BVerfGE 60, S. 79 (88 ff.).
[36] So *Beitzke,* FamRZ 1979, S. 8 (9); *Zuleeg,* FamRZ 1980, S. 210 (212); wohl auch *Schmitt Glaeser,* DÖV 1978, S. 629 (631). Differenzierend *E.-W. Böckenförde,* Elternrecht, S. 54 (78).
[37] AcP Bd. 178 (1978), S. 263 (293); ihm folgend *Schmitt Glaeser,* Das elterliche Erziehungsrecht, S. 25.
[38] Kritisch *Diederichsen,* FamRZ 1978, S. 461 (469 Fn. 102).
[39] Dementsprechend hat auch die Rspr. bei „uneinsichtigem", „unbelehrbarem" und „starrsinnigem" Verhalten der Eltern ein Verschulden ange-

Diese Sicht liegt auch der Rechtsprechung des Bundesverfassungsgerichts zugrunde: „Das Vormundschaftsgericht nimmt das Wächteramt der staatlichen Gemeinschaft wahr, dessen verfassungsrechtlicher Sinn es ist, objektive Verletzungen des Wohls des Kindes zu verhüten, unabhängig von einem Verschulden der Eltern."[40] Die Aussage des Bundesverfassungsgerichts — wenngleich lediglich in Form eines obiter dictum getroffen[41] — richtet sich so unmißverständlich gegen jegliche Einbeziehung einer Schuldfeststellung in die vormundschaftsgerichtliche Entscheidung, daß es ihr sogar widersprechen würde, wenigstens den im Schuldrecht herrschenden objektivierten Schuldbegriff des § 276 BGB (Nichtbeachtung der im Verkehr erforderlichen Sorgfalt) in Erwägung zu ziehen. *Beitzke*[42] weist zudem mit Recht darauf hin, daß die Qualifikation dieses Begriffs außerordentlich streitig und seine Übertragung in das Familienrecht von daher nicht unproblematisch sei.

d) *Kindeswohlgefährdendes Verhalten Dritter*

Wenn auch der staatliche Eingriff nicht von einem Verschulden der Eltern abhängig gemacht werden kann, so ist ein Zusammenhang von objektiv pflichtwidrigem Verhalten der Eltern und Gefährdung des Kindeswohls nach den obigen Ausführungen unverzichtbar[43]. Vor diesem Hintergrund erscheint die letzte, ebenfalls im Zuge der Sorgerechtsreform eingeführte Tatbestandsvariante des § 1666 Abs. 1 S. 1 BGB verfassungsrechtlich bedenklich. Danach hat das Vormundschaftsgericht Maßnahmen auch dann zu ergreifen, wenn das Wohl des Kindes „durch das Verhalten eines Dritten" gefährdet wird.

Praktische Bedeutung erlangt dieser Tatbestand vor allem im Zusammenhang mit der gleichfalls neuen Regelung des § 1666 Abs. 1 S. 2 BGB. Dem Vormundschaftsgericht wird hierdurch nunmehr die Möglichkeit eröffnet, unmittelbar gegen den die Kindeswohlgefährdung verursachenden Dritten vorzugehen, so daß die Eltern ihrerseits zur Durchsetzung eines Umgangsverbots keine Unterlassungsklage vor dem Zivilgericht gegen den Dritten zu erheben brauchen.

Daraus darf jedoch nicht geschlossen werden, § 1666 Abs. 1 S. 1 BGB greife in seiner letzten Variante lediglich in den Rechtskreis des Drit-

---

nommen und konnte über diese Brücke zur Anwendung des § 1666 BGB gelangen. Vgl. BGH FamRZ 1956, S. 350 und die Darstellung bei *Hinz*, in: Münchener Kommentar zum BGB, 1977—83, § 1666 (2. Lfg.) Rdn. 22 f.
[40] BVerfGE 10, S. 59 (84).
[41] Dazu *Fehnemann*, ZBlJugR 1984, S. 157 (158).
[42] FamRZ 1978, S. 8 (9).
[43] Vgl. S. 55 ff. und auch *Lissek*, Diskussionsbeitrag in: Essener Gespräche zum Thema Staat und Kirche, hrsg. v. Krautscheidt/Marré, Bd. 14 (1980), S. 147 (148).

ten ein und lasse das elterliche Sorgerecht unberührt⁴⁴. Zum einen umfaßt die elterliche Personensorge gemäß § 1632 Abs. 2 BGB auch das Recht, den Umgang des Kindes mit Wirkung für und gegen Dritte zu bestimmen. Man könnte daher daran denken, daß dieses Recht der Eltern zumindest mittelbar beeinträchtigt wird, wenn sie bislang den Umgang des Dritten mit ihrem Kind geduldet, möglicherweise sogar gewünscht haben, und das Vormundschaftsgericht dem Dritten diesen Umgang nunmehr untersagt mit der Folge, daß der Dritte den weiteren Umgang auch tatsächlich aufgibt. Jedoch wird die durch das — immerhin nur dem Dritten gegenüber ausgesprochene — Umgangsverbot möglicherweise eingetretene Beeinträchtigung der elterlichen Personensorge in diesen Fällen regelmäßig auch deshalb gerechtfertigt sein, weil die bewußte Duldung oder gar Befürwortung und Förderung eines für das Wohl des Kindes gefährlichen Umgangs in der Regel einen Mißbrauch des Personensorgerechts oder eine Vernachlässigung des Kindes darstellt. So kann z. B. ein Sorgerechtsmißbrauch darin gesehen werden, daß die Eltern übermäßige Züchtigungen ihres Kindes durch einen Dritten hinnehmen⁴⁵, eine Vernachlässigung darin, daß Eltern gegen die Einflußnahme von Drogensüchtigen auf das Kind nicht einschreiten⁴⁶. In allen anderen Fällen, in denen die Eltern das Verhalten des Dritten nicht dulden und das Kind von ihm fernhalten wollen, wird sich eine Beeinträchtigung des Elternrechts durch ein vormundschaftsgerichtliches Umgangsverbot nicht ergeben, weil dessen Erlaß gerade im Interesse der Eltern liegt und insofern nur den Dritten belastet.

Das elterliche Sorgerecht wird durch die hier erörterte Tatbestandsvariante des § 1666 Abs. 1 S. 1 BGB indessen insofern beeinträchtigt, als das Vormundschaftsgericht das Verhalten Dritter zum Anlaß nehmen kann, direkt gegen die Eltern gerichtete Verbote und Gebote zu erlassen; Maßnahmen gegen den Dritten sind gemäß § 1666 Abs. 1 S. 2 BGB lediglich „auch" möglich. Von daher könnten die oben genannten Bedenken berechtigt sein, § 1666 Abs. 1 S. 1 BGB eröffne die Möglichkeit eines Eingriffs in die elterliche Sorge, „ohne daß eine — wenigstens objektive — Pflichtwidrigkeit eines Elternteils festgestellt werden müsse"⁴⁷. Bei näherem Hinsehen zeigt sich jedoch, daß der vor-

---

⁴⁴ So stellt *Beitzke*, FamRZ 1979, S. 8 (10), nur auf die Maßnahmen gegenüber dem Dritten ab, wenn er dessen Einbeziehung in § 1666 BGB als „echten Fortschritt" ansieht.

⁴⁵ OLG Frankfurt NJW 1981, S. 2524 m. w. Nachw.

⁴⁶ Vgl. hierzu auch *Horndasch*, Zum Wohle des Kindes, S. 200.

⁴⁷ So die Minderheit im Rechtsausschuß des BT, vgl. BT-Drucks. 8/2788, S. 59. Diese Bedenken auch bei *Lissek*, Diskussionsbeitrag in: Essener Gespräche zum Thema Staat und Kirche, hrsg. v. Krautscheidt/Marré, Bd. 14 (1980), S. 148; wohl auch bei *Willutzki*, Diskussionsbeitrag ebd., S. 150; *Frey*, Diskussionsbeitrag ebd., S. 155.

mundschaftsgerichtliche Eingriff sehr wohl einen Bezug zum Verhalten der Eltern haben muß. Maßnahmen nach § 1666 Abs. 1 S. 1 BGB sind nämlich nur dann möglich, „wenn die Eltern nicht gewillt oder nicht in der Lage sind, die Gefahr abzuwenden"[48]. Dies gilt auch, wenn die Gefahr von einem Dritten ausgeht. Zumindest die mangelnde Bereitschaft der Eltern, Gefahren, die dem Wohl ihres Kindes von dritter Seite drohen, abzuwehren, d. h. die bewußte Duldung solcher Gefahren, kann als pflichtwidriges Verhalten angesehen werden[49].

Ob dies auch für die mangelnde Fähigkeit der Eltern gilt, Gefährdungen des Kindes durch Dritte zu verhindern, mag dahinstehen. In Fällen dieser Art, wo die Eltern nicht in der Lage sind, etwas gegen die Gefährdungen zu tun, weil sie — z. B. auf die Pflegeeltern des Kindes — gar keinen Einfluß nehmen können oder sie die Gefährdung des Kindes durch Dritte gar nicht bemerkt haben[50], wäre eine gegen sie gerichtete vormundschaftsgerichtliche Maßnahme jedenfalls nicht geeignet, das Wohl des Kindes zu sichern. Hier verlangt das Übermaßverbot vom Vormundschaftsgericht, Maßnahmen mit direkter Wirkung gegen den Dritten zu treffen, wie § 1666 Abs. 1 S. 2 BGB es vorsieht, und von Eingriffen in das elterliche Personensorgerecht abzusehen[51]. Diese am Übermaßverbot orientierte verfassungskonforme Auslegung ergibt letztlich, daß die in § 1666 Abs. 1 S. 1 BGB vorgesehene Anknüpfung von Maßnahmen an das Verhalten Dritter nicht gegen das Grundgesetz verstößt.

Damit ist § 1666 Abs. 1 S. 1 BGB im Ergebnis verfassungsgemäß[52].

3. Das Verhältnis von § 1666 Abs. 1 S. 1 BGB zu § 1626 Abs. 2 BGB

Wenn im folgenden das Verhältnis von § 1666 Abs. 1 S. 1 BGB zu § 1626 Abs. 2 BGB aus verfassungsrechtlicher Sicht betrachtet werden soll, so geht es dabei um die Verfassungsmäßigkeit einer eventuellen Anknüpfung vormundschaftsgerichtlicher Maßnahmen auf der Grundlage von § 1666 Abs. 1 S. 1 BGB an die Nichterfüllung der Vorgaben des § 1626 Abs. 2 BGB. Da § 1666 Abs. 1 S. 1 BGB keinen direkten Be-

---

[48] Auf die fehlende Gefahrabwendungsbereitschaft und -fähigkeit stellt auch *Horndasch*, Zum Wohle des Kindes, S. 201, ab; vgl. auch BT-Drucks. 8/2788, S. 39.
[49] Vgl. auch Soergel/*Lange*, BGB, 11. Aufl. 1978—83, § 1666 Rdn. 32.
[50] Vgl. dazu *Ossenbühl*, Das elterliche Erziehungsrecht, S. 90; *Horndasch*, Zum Wohle des Kindes, S. 201 Fn. 169; *Beitzke*, FamRZ 1979, S. 8 (9).
[51] In diesem Sinne auch *Hinz*, in: Münchener Kommentar zum BGB, 1977—83, § 1666 (2. Lfg.) Rdn. 37.
[52] Ebenso *Beitzke*, FamRZ 1979, S. 8 (11); *Schmitt Glaeser*, Das elterliche Erziehungsrecht, S. 23 ff., 57; *Hinz*, in: Münchener Kommentar zum BGB, 1977—83, § 1666 (2. Lfg.) Rdn. 5; Soergel/*Lange*, BGB, 11. Aufl. 1978—83, § 1666 Rdn. 4; *Horndasch*, Zum Wohle des Kindes, S. 201.

zug auf § 1626 Abs. 2 BGB nimmt, handelt es sich hierbei um die Frage, ob der Verstoß gegen § 1626 Abs. 2 BGB unter einen oder mehrere Tatbestände des § 1666 Abs. 1 S. 1 BGB subsumiert werden kann bzw. darf. Dies wiederum hängt zunächst davon ab, daß § 1626 Abs. 2 BGB überhaupt normative Wirkung entfaltet. Weiterhin ist von entscheidender Bedeutung, ob die Nichtbeachtung des § 1626 Abs. 2 BGB durch die Eltern gleichbedeutend ist mit einem Verlassen des durch Art. 6 Abs. 2 S. 1 GG geschützten Bereichs. Bewegen sich die Eltern, auch wenn sie im Einzelfall § 1626 Abs. 2 BGB nicht gerecht werden, noch im Rahmen der dem Elternrecht gezogenen Grenzen, so wäre eine staatliche Sanktionierung ihres Verhaltens verfassungswidrig. Verfassungswidrig wäre dann auch eine Auslegung des § 1666 Abs. 1 S. 1 BGB, die in dem Verstoß gegen § 1626 Abs. 2 BGB etwa einen das Kindeswohl gefährdenden Mißbrauch des Personensorgerechts oder ein Versagen der Eltern erblickt.

§ 1626 Abs. 2 BGB stellt ein gesetzliches Leitbild elterlicher Erziehung auf. Trotz der Aussageform seiner beiden Sätze und des Fehlens einer im Gesetzestext unmittelbar anschließenden Sanktion kommt der Vorschrift mehr als ein bloß deskriptiver, rechtsfolgenloser Programmsatz- oder Appellcharakter zu[53]. Es handelt sich vielmehr um eine — auch in anderen Gesetzen nicht unübliche[54] — indikativisch formulierte Verpflichtung, die den Eltern aufgibt, sich bei der Pflege und Erziehung des Kindes so zu verhalten, wie § 1626 Abs. 2 BGB es darstellt[55]. Die Norm ist also verbindlich, justiziabel und daher als Anknüpfungspunkt für staatliche Sanktionen geeignet.

Bei der Prüfung der Vereinbarkeit dieses Leitbildes mit Art. 6 Abs. 2 GG[56] bietet es sich an, die zwei Sätze des § 1626 Abs. 2 BGB getrennt zu behandeln. § 1626 Abs. 2 S. 1 BGB lautet: „Bei der Pflege und Erziehung berücksichtigen die Eltern die wachsende Fähigkeit und das

---

[53] A. A. wohl *Jans/Happe*, Gesetz zur Neuregelung des Rechts der elterlichen Sorge, 1980, § 1626 Rdn. 13, 16. A. A. zunächst auch *Simon*, Die Reform des Rechts der elterlichen Sorge, S. 128 (139); später aber wie hier, vgl. seinen Diskussionsbeitrag in: Essener Gespräche zum Thema Staat und Kirche, hrsg. v. Krautscheidt/Marré, Bd. 14 (1980), S. 157 und JuS 1979, S. 753 Fn. 24.
[54] Vgl. z. B. das staatliche Wächteramt des Art. 6 Abs. 2 S. 2 GG, dazu oben S. 48 f.
[55] So auch *Ossenbühl*, Das elterliche Erziehungsrecht, S. 81; *E.-W. Böckenförde*, Diskussionsbeitrag in: Essener Gespräche zum Thema Staat und Kirche, hrsg. v. Krautscheidt/Marré, Bd. 14 (1980), S. 156; *Lissek*, Diskussionsbeitrag ebd., S. 148; *Frey*, Diskussionsbeitrag ebd., S. 154; *Scheuner*, Diskussionsbeitrag ebd., S. 157. Vgl. auch *Hollerbach*, Diskussionsbeitrag ebd., S. 151; *Evers*, Diskussionsbeitrag ebd., S. 152.
[56] Die Vereinbarkeit lehnen ab: *Schmitt Glaeser*, Das elterliche Erziehungsrecht, S. 58 ff.; *Ossenbühl*, Das elterliche Erziehungsrecht, S. 84/85; *Lissek*, Diskussionsbeitrag in: Essener Gespräche zum Thema Staat und Kirche, hrsg. v. Krautscheidt/Marré, Bd. 14 (1980), S. 148; *Starck*, Diskussionsbeitrag ebd., S. 152. Bedenken auch bei *Diederichsen*, NJW 1980, S. 1 (3).

wachsende Bedürfnis des Kindes zu selbständigem verantwortungsbewußtem Handeln." Das heißt mit anderen Worten: Eltern sind verpflichtet, Pflege und Erziehung danach auszurichten, daß Kinder in die Lage versetzt werden, selbständig und eigenverantwortlich zu handeln. Selbständigkeit und Verantwortungsbewußtsein sind Erziehungsziele, deren Verfolgung den Eltern auch bereits von Verfassungs wegen durch die im ersten Abschnitt des Grundgesetzes zum Ausdruck kommenden Wertvorstellungen und das Menschenbild des Grundgesetzes vorgegeben sind[57]. Es handelt sich zugleich um jene Werte, die in dem teilweise verwendeten Begriff des „formalen Erziehungsziels" aufgehen[58]. Versteht man § 1626 Abs. 1 S. 1 BGB als Umsetzung dieser den Art. 6 Abs. 2 S. 1 GG prägenden Vorstellungen, so begegnet die Norm keinen verfassungsrechtlichen Bedenken[59].

Etwas anderes könnte für § 1626 Abs. 2 S. 2 BGB gelten. Die Eltern besprechen danach mit dem Kind, soweit es nach dessen Entwicklungsstand angezeigt ist, Fragen der elterlichen Sorge und streben Einvernehmen an. Die Vorschrift verpflichtet die Eltern also, das erstrebte Ziel der Selbständigkeit und Verantwortlichkeit des Kindes mittels einer bestimmten Erziehungsmethode, die man als partnerschaftlich-argumentativ bezeichnen kann[60], zu verfolgen. Es stellt sich daher die Frage, wie diese gesetzliche Verordnung eines Erziehungsstils mit dem aus Art. 6 Abs. 2 GG folgenden elterlichen Primat bei der Bestimmung des Kindeswohls zu vereinbaren ist. Dabei ist zunächst zu konstatieren, daß den Eltern, auch wenn sie gemäß § 1626 Abs. 2 S. 2 BGB alle Fragen besprechen und sich um Einvernehmen bemühen, ihr Letztentscheidungsrecht nicht genommen wird. Nach Erörterung des Für und Wider mit dem Kind gilt ihr Wort[61]. Fraglich ist also lediglich, ob es Eltern zur Pflicht gemacht werden kann, jeder Entscheidung eine Diskussion mit dem Kind vorangehen zu lassen, eine Pflicht, die — wie zu Recht eingewendet wird[62] — manche Eltern überfordern könnte und § 1626 Abs. 2 S. 2 BGB den Beinamen „Intellektuellenparagraph" eingetragen hat[63].

---

[57] Siehe oben, S. 39 ff.
[58] Vgl. oben, S. 38, 41 f.
[59] Ebenso *E.-W. Böckenförde*, Diskussionsbeitrag in: Essener Gespräche zum Thema Staat und Kirche, hrsg. v. Krautscheidt/Marré, Bd. 14 (1980), S. 157. Vgl. auch *dens.*, Elternrecht, S. 54 (65). Im Ergebnis wohl auch *Ossenbühl*, Das elterliche Erziehungsrecht, S. 82.
[60] Vgl. *Ossenbühl*, Das elterliche Erziehungsrecht, S. 80; *Schmitt Glaeser*, Das elterliche Erziehungsrecht, S. 14.
[61] So auch *Schmitt Glaeser*, Das elterliche Erziehungsrecht, S. 13; *Jans/Happe*, Gesetz zur Neuregelung des Rechts der elterlichen Sorge, 1980, Rdn. 13.
[62] *Ossenbühl*, Das elterliche Erziehungsrecht, S. 83; *Philippi*, Diskussionsbeitrag in Essener Gespräche zum Thema Staat und Kirche, hrsg. v. Krautscheidt/Marré, Bd. 14 (1980), S. 161.
[63] Vgl. Palandt/*Diederichsen*, BGB, 44. Aufl. 1985, § 1626 Anm. 5 a.

2. Kap.: Verfassungsmäßigkeit der sorgerechtl. Eingriffstatbestände

Andererseits kann aber kaum zweifelhaft sein, daß zur Erreichung des von der Verfassung vorausgesetzten Ziels der Kindeserziehung bestimmte Erziehungsmethoden völlig ungeeignet sind, etwa solche, wo durch ständige einseitige Bestimmung der Eltern jede Entwicklung zur Selbständigkeit im Keim erstickt wird[64]. Es findet also — wie auch bereits ausgeführt[65] — eine gewisse Rückkoppelung zwischen Erziehungsziel und -methode statt[66]. Eine gesetzlich vorgeschriebene Erziehungsmethode kann daher dann und nur dann als verfassungsgemäß angesehen werden, wenn jeder andere Erziehungsstil im Hinblick auf das gewünschte Ziel ungeeignet ist.

Die Heranziehung des Kindes zu einer selbständigen, eigenverantwortlichen, „grundrechtsmündigen" Persönlichkeit mag durch eine partnerschaftlich-argumentative Erziehung, in der das Kind frühzeitig lernt, sich mit Auffassungen anderer auseinanderzusetzen und eigene Ansichten zu entwickeln, prinzipiell stärker gefördert werden als in herkömmlichen, durch die alleinige Autorität der Eltern geprägten Familienstrukturen. So hebt *Simon*[67] zu Recht hervor, daß die Erziehung von Kindern und Jugendlichen zu Selbständigkeit und Selbstverantwortung ein gewisses Maß an Beteiligung im Bereich der elterlichen Sorge voraussetzt. Eine am Menschenbild des Grundgesetzes orientierte Erziehung verlangt von den Eltern auch, ihr Kind in die Erörterung bestimmter Fragen einzubeziehen, damit es Urteilsfähigkeit als Voraussetzung späterer Selbstbestimmung und „Grundrechtsfähigkeit" lernt und darauf vorbereitet wird, eigene Entscheidungen zu treffen.

Indessen ist der Gesetzgeber nicht ermächtigt, im Bereich der elterlichen Kindeserziehung Fragen von „gut" und „besser" bzw. „weniger geeignet" und „mehr geeignet" zu entscheiden. Wenn er überhaupt Vorschriften über Erziehungsstil und -inhalt erläßt, so ist er allenfalls befugt, solche Erziehungsmethoden zu verbieten, die anerkanntermaßen völlig ungeeignet sind und eine Erziehung in ihr Gegenteil umschlagen lassen[68] bzw. eine bestimmte Erziehungsmethode dann anzuordnen, wenn sie die einzig geeignete ist[69]. Solange sich Erziehungsmittel und

---

[64] Vgl. auch *E.-W. Böckenförde*, Elternrecht, S. 54 (65).
[65] Siehe oben, S. 37.
[66] So auch *E.-W. Böckenförde*, Diskussionsbeitrag in: Essener Gespräche zum Thema Staat und Kirche, hrsg. v. Krautscheidt/Marré, Bd. 14 (1980), S. 157.
[67] Die Reform des Rechts der elterlichen Sorge, S. 128 (129). Ebenso *E.-W. Böckenförde*, Elternrecht, S. 54 (65).
[68] Vgl. auch oben, S. 53.
[69] Dies hält *Simon*, Die Reform des Rechts der elterlichen Sorge, S. 128 (139) im Hinblick auf den von § 1626 Abs. 2 S. 2 BGB vorgezeichneten Weg für gegeben. Vgl. andererseits Palandt/*Diederichsen*, BGB, 44. Aufl. 1985, § 1626 Anm. 5 a, der von der „unbezweifelbaren Effektivität" des autoritären Erziehungsstils für „Not- und Aufbauzeiten" ausgeht.

-methoden im Rahmen des noch Vertretbaren halten, hat er den elterlichen Erziehungsstil hinzunehmen.

Diese Schwelle des „so geht es nicht mehr" ist sicherlich nicht in jedem Fall erreicht, wenn Eltern einmal auf die Besprechung einer Frage mit dem Kind verzichten. So dürfte die unterbliebene Besprechung vor dem Kauf eines neuen Kleidungsstücks für die Entwicklung des Kindes zur Eigenverantwortlichkeit weniger schädlich sein als es beispielsweise bei der Anmeldung zu einer bestimmten Schule oder beim Verbot des Umgangs mit bestimmten Menschen der Fall wäre. Die verfassungsrechtlichen Bedenken gegen § 1626 Abs. 2 S. 2 BGB richten sich daher vornehmlich gegen die Ausnahmslosigkeit der Vorschrift, die *jede* Frage der elterlichen Sorge zum Gegenstand einer Besprechung mit dem Kind zu machen scheint.

§ 1626 Abs. 2 S. 2 BGB schränkt die Verpflichtung der Eltern allerdings bereits selbst insofern ein, als er sie vom Entwicklungsstand des Kindes abhängig macht. Nimmt man hinzu, daß die Vorschrift im engen Kontext zu § 1626 Abs. 2 S. 1 BGB steht, wo die Erziehung zu selbständigem verantwortungsbewußtem Handeln hervorgehoben ist, so läßt sich § 1626 Abs. 2 S. 2 BGB verfassungskonform in der Weise interpretieren, daß eine sanktionsbedrohte Verpflichtung der Eltern zur Besprechung und zum Streben nach Einvernehmen besteht, soweit dies unabdingbar zur Erreichung des Erziehungsziels der Mündigkeit des Kindes ist. Der Entwicklungsstand des Kindes und sein Alter sind dabei wichtige Anhaltspunkte.

So ausgelegt entsprechen das in § 1626 Abs. 2 BGB genannte Erziehungsleitbild und der zu seiner Verwirklichung beschriebene Weg dem verfassungsrechtlichen Eltern-Kind-Verhältnis. Der von der Verfassung vorgegebene Sinn und Zweck der Erziehung würde verfehlt, wenn Eltern die in § 1626 Abs. 2 S. 2 BGB aufgezeigte Erziehungsmethode in jeder Hinsicht ablehnten.

In dieser restriktiven Auslegung bestehen auch keine Bedenken gegen eine Verknüpfung von § 1626 Abs. 2 und § 1666 Abs. 1 S. 1 BGB. Verweigern Eltern etwa ihrem 16jährigen Sohn grundlos jegliche Diskussion über das von ihnen aufgestellte nachmittägliche Ausgangsverbot, versäumen sie es, das Kind in Gesprächen auf einen Umzug in eine fremde Stadt, in ein fremdes Land oder auf sonstige einschneidende Veränderungen in dessen eigenem sozialen Umfeld vorzubereiten, so kann darin ein Verstoß gegen § 1626 Abs. 2 S. 2 BGB und gleichzeitig ein das Kindeswohl gefährdender Mißbrauch des Sorgerechts i. S. von § 1666 Abs. 1 S. 1 BGB zu sehen sein. Die von vielen befürchtete Gefahr für das Elternrecht durch eine „Automatik" zwischen Nichtbefolgung des § 1626 Abs. 2 BGB und einem Einschreiten des Vormundschaftsgerichts nach § 1666 Abs. 1 S. 1 BGB[70] ist bei verfassungskonformer Auslegung nicht gegeben. Eine staatliche Sanktionierung ist und bleibt danach nur dann erlaubt, wenn in der Nichtbefolgung des § 1626 Abs. 2 S. 2 BGB ein Mißbrauch des Sorgerechts, eine Vernachlässigung des Kindes oder ein sonstiges Versagen der Eltern zu erblicken ist, denn die aus § 1626 Abs. 2 BGB folgende Verpflichtung der Eltern soll — ebenfalls verfassungskonform ausgelegt — nur diese der Erreichung des verfassungsmäßigen Erziehungsziels schädlichen Verhaltensweisen der Eltern ausschließen[71]. Die Erfüllung der Kriterien des § 1666 Abs. 1 S. 1 BGB bildet also auch weiterhin die Grenze, ab der dem Staat ein Eingreifen gestattet ist[72].

§ 1626 Abs. 2 BGB ist daher weder selbst verfassungswidrig noch beeinflußt er die Verfassungsmäßigkeit des § 1666 Abs. 1 S. 1 BGB.

B. § 1666 a BGB

Daß staatliche Maßnahmen jeglicher Art, also auch im Bereich der elterlichen Sorge, nicht gegen das Übermaßverbot verstoßen dürfen, ist eine verfassungsrechtliche Selbstverständlichkeit. Daher ist aus verfassungsrechtlicher Sicht nichts dagegen einzuwenden, wenn einzelne Regelungskomponenten des Übermaßverbots darüber hinaus in einfachen Gesetzen deklaratorisch festgeschrieben werden (wie z. B. in § 1666 Abs. 1 S. 1 BGB das Gebot des Interventionsminimums: es dürfen nur die „erforderlichen" Maßnahmen getroffen werden).

Eine Konkretisierung bzw. Verdeutlichung des Gebots des Interventionsminimums erfolgt in § 1666 a BGB[73].

1. § 1666 a Abs. 1 BGB

Gemäß § 1666 a Abs. 1 BGB darf das Vormundschaftsgericht eine Trennung des Kindes von der Familie nur dann verfügen, wenn der Gefahr für das Kindeswohl nicht auf andere Weise, auch nicht durch öffentliche Hilfen, begegnet werden kann. Die Vorschrift bringt zum Ausdruck, daß insbesondere die im JWG bezeichneten Hilfsmaßnahmen

---

[70] Vgl. etwa *Schmitt Glaeser*, Das elterliche Erziehungsrecht, S. 31, 59; *Lissek*, Diskussionsbeitrag in: Essener Gespräche zum Thema Staat und Kirche, hrsg. v. Krautscheidt/Marré, Bd. 14 (1980), S. 148.

[71] Für eine verfassungskonforme Auslegung — wenngleich in etwas anderem Sinne — auch *Diederichsen*, NJW 1980, S. 1 (3). Dagegen *Schmitt Glaeser*, Das elterliche Erziehungsrecht, S. 59; *Ossenbühl*, Das elterliche Erziehungsrecht, S. 85.

[72] Ebenso *E.-W. Böckenförde*, Diskussionsbeitrag in: Essener Gespräche zum Thema Staat und Kirche, hrsg. v. Krautscheidt/Marré, Bd. 14 (1980), S. 156.

[73] Vgl. auch *Schmitt Glaeser*, Das elterliche Erziehungsrecht, S. 26.

(z. B. Einrichtungen und Veranstaltungen nach § 5 JWG) als schonendere Mittel Vorrang vor einer Trennung haben, eine Herausnahme des Kindes aus der Familie also dann nicht „erforderlich" ist, wenn das JWG „geeignete" Mittel bereithält, deren Anwendung das Wohl des Kindes ebenso gut sicherstellt. Es kommen daher nur solche Maßnahmen des Jugendhilferechts in Betracht, die nicht zu einer Trennung von Kind und Familie führen. Da eine Trennung bei der Anordnung von Fürsorgeerziehung gemäß §§ 64 ff. JWG unvermeidbar ist, stellt die Fürsorgeerziehung kein „milderes Mittel" dar[74]. Unter „öffentliche Hilfen" i. S. d. § 1666 a Abs. 1 BGB fallen indessen z. B. die in §§ 5, 6 JWG genannten Hilfen, etwa die Erziehungsberatung einschließlich der mit ihr einhergehenden Therapien, sowie Beratung und Unterstützung durch das Jugendamt gemäß §§ 51, 51 a, 52 Abs. 3 JWG oder die Anordnung von Erziehungsbeistandschaft gemäß § 57 i. V. m. § 55 JWG[75].

Eine gewisse eigenständige, über die Wiedergabe des Prinzips der Erforderlichkeit hinausgehende Bedeutung kommt § 1666 a Abs. 1 BGB insofern zu, als er öffentlichen Hilfen in jedem Fall Vorrang vor einer Trennung von Kind und Familie einräumt und dergestalt klarstellt, daß in der vom Vormundschaftsgericht anzustellenden Zweck-Mittel-Relation der finanzielle Aufwand der öffentlichen Hilfsmittel oder mangelnde Arbeitskapazitäten keine Argumente für eine Trennung bilden. Öffentliche Hilfen sind also auch dann vorrangig, wenn sie mit erheblichen Kosten verbunden sind[76]. Bestimmende Gesichtspunkte für die Auswahl des gebotenen Mittels sind daher allein das Kindeswohl und das Elternrecht.

2. § 1666 a Abs. 2 BGB

§ 1666 a Abs. 2 BGB dagegen gibt speziell für den Fall des Entzugs der gesamten Personensorge — eine der nach § 1666 Abs. 1 S. 1 BGB möglichen Maßnahmen — nur etwas wieder, was auch bereits Inhalt des Übermaßverbots ist. Die gesamte Personensorge darf das Vormundschaftsgericht danach nur dann entziehen, wenn andere, weniger einschneidende Mittel sich in der Vergangenheit als erfolglos erwiesen haben oder wenn sie — mit Blick auf die Zukunft — als nicht ausrei-

---

[74] Ebenso KG FamRZ 1981, S. 592 (593); Palandt/*Diederichsen*, BGB, 44. Aufl. 1985, § 1666 a Anm. 1, 2; a. A. wohl *Jans/Happe*, Gesetz zur Neuregelung des Rechts der elterlichen Sorge, 1980, § 1666 a BGB Anm. 2 b.

[75] Vgl. *Schmitt Glaeser*, Das elterliche Erziehungsrecht, S. 26; *Belchaus*, Elterliches Sorgerecht, 1980, § 1666 a BGB Rdn. 2; *Jans/Happe*, Gesetz zur Neuregelung des Rechts der elterlichen Sorge, 1980, § 1666 a BGB, Anm. 2 b.

[76] Vgl. *Kemper*, FamRZ 1983, S. 647 (648); *Horndasch*, Zum Wohle des Kindes, S. 211 f.; Palandt/*Diederichsen*, BGB, 44. Aufl. 1985, § 1666 a Anm. 2. Vgl. auch BT-Drucks. 8/2788, S. 60; BT-Drucks. 8/4080, S. 23.

chend zur Beseitigung der Gefahren für das Wohl des Kindes erscheinen[77].

Weniger aus verfassungsrechtlicher Sicht denn aus der Sicht des Gesetzesanwenders ist hier problematisch, in welchem Verhältnis der Entzug der gesamten Personensorge zur Anordnung der Fürsorgeerziehung gemäß § 64 JWG steht. Das Verhältnis dieser beiden Maßnahmen ist deshalb nicht unumstritten, weil die Sorgerechtsentziehung auf der Grundlage von § 1666 Abs. 1 S. 1 BGB zu dem Zweck, daß das Jugendamt als nach § 1909 Abs. 1 BGB bestellter Sorgerechtspfleger eine Heimeinweisung vornehme, rein tatsächlich die gleichen Auswirkungen hat, wie die Anordnung der Fürsorgeerziehung, bei der die elterliche Personensorge lediglich beschränkt wird (Entzug des Aufenthaltsbestimmungs- und Erziehungsrechts), im Kern aber bei den Eltern verbleibt. Daher könnte man diesen Maßnahmen auch rechtlich gleiches Gewicht in Bezug auf das Elternrecht und die Belange des Kindes beimessen[78]. Dagegen spricht aber zunächst, daß mit der Fürsorgeerziehung, die ursprünglich aus kriminalpolitischen Gründen zum Schutz der öffentlichen Sicherheit und Ordnung als öffentliche Ersatzerziehung anstelle einer Strafe eingeführt wurde[79], bis heute ein gewisser „Makel" verbunden ist, der durch die Eintragung des Fürsorgezöglings in das Erziehungsregister noch verstärkt wird. Die Fürsorgeerziehungsbehörde ist ermächtigt, die Art der Durchführung der Fürsorgeerziehung öffentlich-rechtlich selbst zu bestimmen. Demgegenüber handelt es sich bei der Heimunterbringung durch einen Pfleger gemäß §§ 1666 Abs. 1 S. 1, 1909 Abs. 1 BGB um eine privatrechtliche Unterbringung. Der Pfleger unterliegt zwar der Aufsicht des Vormundschaftsgerichts und kann von diesem jederzeit entlassen werden (§§ 1915 Abs. 1, 1837 BGB), ihm ist eine individuellere Gestaltung der zum Wohl des Kindes erforderlichen Maßnahmen aber eher möglich als den staatlichen Behörden.

Aus diesen Gründen hat der BGH die Heimunterbringung durch einen Sorgerechtspfleger als die gegenüber der öffentlichen Fürsorgeerziehung nach § 64 JWG weniger einschneidende Maßnahme angesehen: „Stellt aber das Gesetz für eine außerfamiliäre Erziehung sowohl Maßnahmen nach § 1666 Abs. 1 BGB als auch Fürsorgeerziehung nach § 64 JWG zur Verfügung und bedeutet die letzte Maßnahme ein Mehr an staatlichem Zwang und unter Umständen sogar einen gewissen Nach-

---

[77] Vgl. dazu insbes. BVerfGE 60, S. 79 (89 ff.).

[78] So etwa OLG Braunschweig, NdsRpfl. 1956, S. 96 (97); OLG Hamm ZBlJugR 1958, S. 177 (178); OLG Celle NdsRpfl. 1969, S. 185 (186); OLG Frankfurt ZBlJugR 1974, S. 449 (450); *Jans/Happe*, JWG, 1963, § 64 Anm. 6 E; *Potrykus*, JWG, 2. Aufl. 1972, § 64 Anm. 9.

[79] Dazu insbes. *Wiesner*, ZBlJugR 1980, S. 455 (457). Vgl. auch BGH FamRZ 1979, S. 225 (226).

teil für das spätere Fortkommen des Minderjährigen, so gebietet bereits verfassungskonforme Auslegung, den Anwendungsbereich der Fürsorgeerziehung dort zurückzudrängen, wo Maßnahmen nach § 1666 Abs. 1 BGB, insbesondere auch Familien- oder Heimunterbringung durch einen Pfleger, möglich und ausreichend sind."[80] Fürsorgeerziehung ist demnach keine mildere „andere Maßnahme" i. S. d. § 1666 a Abs. 1 BGB.

C. § 1631 a Abs. 2 BGB

In § 1631 a Abs. 2 BGB ist das Eingreifen des Vormundschaftsgerichts an das Vorliegen eines gegenüber § 1666 Abs. 1 S. 1 BGB tatbestandlich verselbständigten Fall des Sorgerechtsmißbrauchs geknüpft. Nehmen die Eltern in Angelegenheiten der Ausbildung und des Berufs offensichtlich keine Rücksicht auf Eignung und Neigung des Kindes, so ließe sich dieses Elternverhalten auch unter den (objektiven) Mißbrauchstatbestand des § 1666 Abs. 1 S. 1 BGB subsumieren[81]. So ist es z. B. vor der Sorgerechtsreform als Mißbrauch des Sorgerechts gewertet worden, wenn Eltern ihr hinreichend begabtes Kind von der Schule abmeldeten[82] oder es in einen ungeliebten Beruf hineinzwangen[83]. § 1631 a Abs. 2 BGB stellt insofern eine lex specialis gegenüber § 1666 Abs. 1 S. 1 BGB dar[84].

Die Erfüllung des Tatbestandes des § 1631 a Abs. 2 BGB ist nicht gleichzusetzen mit der Nichtbeachtung des § 1631 a Abs. 1 BGB. Verstoßen Eltern gegen ihre Verpflichtung aus § 1631 a Abs. 1 BGB[85], in Angelegenheiten der Ausbildung und des Berufs insbesondere auf Eignung und Neigung des Kindes Rücksicht zu nehmen, so ist ein staatlicher Eingriff in das elterliche Entscheidungsrecht nur unter den in Absatz 2 der Norm genannten zusätzlichen Voraussetzungen zulässig („offensichtlich" keine Rücksicht, Besorgnis einer schweren und nachhaltigen Beeinträchtigung). An die Verletzung des § 1631 a Abs. 1 BGB schließt also keine unmittelbare, „eigene" Sanktionsmöglichkeit an, und ein Vorgehen gemäß § 1666 Abs. 1 S. 1 BGB ist wegen der

---

[80] BGH FamRZ 1979, S. 225 (227).
[81] Vgl. *Diederichsen*, NJW 1980, S. 1 (5); *Schmitt Glaeser*, Das elterliche Erziehungsrecht, S. 17 f.
[82] Vgl. etwa OLG Karlsruhe, FamRZ 1974, S. 661 (662); KG OLGE 6, S. 288 (289); FamRZ 1965, S. 158 (161).
[83] Vgl. KG JR 1927, Nr. 371.
[84] Ebenso BayObLG FamRZ 1982, S. 634 (635); *Horndasch*, Zum Wohle des Kindes, S. 175; *Simon*, Die Reform des Rechts der elterlichen Sorge, S. 128 (140); *Belchaus*, Elterliches Sorgerecht, 1980, § 1631 a Rdn. 11.
[85] Zum imperativischen Charakter indikativisch formulierter Normen vgl. oben, S. 48 f., 72.

Spezialität des § 1631 a Abs. 2 BGB ausgeschlossen[86]. Die Verfassungsmäßigkeit des § 1631 a Abs. 1 BGB[87] spielt daher bei einer verfassungsrechtlichen Überprüfung des § 1631 a Abs. 2 BGB keine Rolle, sondern ist allenfalls für solche Normen von Bedeutung, die anhand des § 1631 a Abs. 1 BGB auszulegen sind[88].

Der Normaufbau des § 1631 a Abs. 2 BGB ist dem des § 1666 Abs. 1 S. 1 BGB ähnlich. Verlangt § 1666 Abs. 1 S. 1 BGB eine durch den Mißbrauch des Sorgerechts hervorgerufene Kindeswohlgefährdung, so muß bei § 1631 a Abs. 2 BGB hinzukommen, daß die elterliche Entscheidung die Besorgnis einer nachhaltigen und schweren Beeinträchtigung der Entwicklung des Kindes hervorruft.

Dem Wortlaut des § 1631 a Abs. 2 BGB zufolge könnte indessen die „Eingriffsschwelle" für staatliche Maßnahmen im Vergleich zu § 1666 Abs. 1 S. 1 BGB herabgesetzt sein, da nach § 1631 a Abs. 2 BGB bereits die „begründete Besorgnis" einer Kindeswohlbeeinträchtigung genügt, während § 1666 Abs. 1 S. 1 BGB die „Gefährdung" des Kindeswohls voraussetzt[89]. Geht man aber davon aus, daß eine Gefahr gerade durch das Vorliegen der begründeten Besorgnis, es werde zur Beeinträchtigung des Rechtsguts kommen, gekennzeichnet ist, so kann schwerlich der Ansicht gefolgt werden, § 1631 a Abs. 2 BGB lasse einen Eingriff zu, obwohl noch keine Gefahr für das Wohl des Kindes bestehe[90].

Die unterschiedliche Formulierung ist daher allenfalls bedeutsam für die Frage, wie akut die Gefahr sein muß. Die Rechtsprechung verlangte für einen Eingriff nach § 1666 Abs. 1 S. 1 BGB eine gegenwärtige, zumindest aber eine nahe bevorstehende Gefahr[91]. Da einerseits die Berufswahl oft erhebliche Zeit vor der eigentlichen Berufsausübung liegt, andererseits erst die nicht den Neigungen entsprechende Berufsausübung und -ausbildung das Kindeswohl beeinträchtigt, besteht im Zeitpunkt der Entscheidung über den Beruf noch nicht jene unmittelbare, akute Gefahr, die nach der Rechtsprechung die Voraussetzung für die Anwendung des § 1666 Abs. 1 S. 1 BGB ist. Es kommt bei der Berufswahl vielmehr auf eine Prognose in die fernere Zukunft an[92]. Würde

---

[86] Ebenso *Schmitt Glaeser,* Das elterliche Erziehungsrecht, S. 19, 32 f.

[87] Dagegen *Schmitt Glaeser,* Das elterliche Erziehungsrecht, S. 59.

[88] Dazu vor allem *Schmitt Glaeser,* Das elterliche Erziehungsrecht, S. 32 f.

[89] So *Simon,* Die Reform des Rechts der elterlichen Sorge, S. 128 (140); *Schmitt Glaeser,* Das elterliche Erziehungsrecht, S. 18. A. A. *Hinz,* in: Münchener Kommentar zum BGB, 1977—83, § 1631 a (2. Lfg.) Rdn. 22: nur Konkretisierung des § 1666 Abs. 1 S. 1 BGB.

[90] So aber *Diederichsen,* NJW 1980, S. 1 (5); wohl auch *Simon,* Die Reform des Rechts der elterlichen Sorge, S. 128 (140).

[91] Vgl. nur die Nachw. bei BayObLG FamRZ 1982, S. 634 (636). Zum Begriff der Gefahr siehe oben, S. 54.

[92] BayObLG FamRZ 1982, S. 634. Vgl. auch *Schmitt Glaeser,* Das elterliche

§ 1631 a Abs. 2 BGB also eine gegenwärtige oder zumindest unmittelbar bevorstehende Gefahr fordern, so liefe die Regelung, durch die ja bereits zum frühest möglichen Zeitpunkt die richtige Weichenstellung für die berufliche Entwicklung ermöglicht werden soll, weitgehend leer. Von daher wird die von § 1666 Abs. 1 S. 1 BGB abweichende Umschreibung der Gefährdung des Kindeswohls verständlich, lassen sich doch mit der in § 1631 a Abs. 2 BGB gewählten Formulierung auch die noch nicht akuten, aber „zu besorgenden" Gefahren für die Kindesentwicklung abdecken[93].

Insofern ist die Eingriffsschwelle des § 1631 a Abs. 2 BGB gegenüber der von der Rechtsprechung zu § 1666 Abs. 1 S. 1 BGB entwickelten in der Tat vorverlagert. Diese Vorverlagerung ist aber nicht nur geeignet, sondern erforderlich, um den Kindesschutz zu einem Zeitpunkt, in dem spätere Beeinträchtigungen noch zu vermeiden sind, wirksam zu gewährleisten. Ein Zuwarten, bis die Gefahr sich zum unmittelbar bevorstehenden Schadenseintritt konkretisiert hat, ist sinnlos, wenn man diese Gefahr schon vorher, bei der Berufswahl, hätte vermeiden können. Die Inpflichtnahme des Staates durch das Wächteramt des Art. 6 Abs. 2 S. 2 GG gebietet es hier, „rechtzeitig" tätig zu werden, was nach den obigen Ausführungen ein frühzeitigeres Eingreifen erfordert als es bei § 1666 Abs. 1 S. 1 BGB der Fall ist.

Die sich aus dem verfassungsmäßigen Elternrecht ergebenden Grenzen vormundschaftsgerichtlichen Eingreifens kommen in § 1631 a Abs. 2 BGB im übrigen deutlicher zum Ausdruck als in anderen Regelungen. Durch den Zusatz, daß nur bei „offensichtlich" fehlender Rücksichtnahme der Eltern eingeschritten werden dürfe, wird dafür Sorge getragen, daß in Zweifelsfällen die Entscheidung der Eltern maßgeblich bleibt. Nur bei „klarer Ermessensüberschreitung"[94] ist das Vormundschaftsgericht zu Eingriffen in das Personensorgerecht ermächtigt, ein Ergebnis, das den oben dargestellten[95] verfassungsrechtlichen Anforderungen entspricht[96].

§ 1631 a Abs. 2 BGB ist nach allem als spezielle Ausformung des in § 1666 Abs. 1 S. 1 BGB sanktionierten Mißbrauchs des Personensorgerechts verfassungsgemäß[97].

Erziehungsrecht, S. 18; *Simon*, Diskussionsbeitrag in: Essener Gespräche zum Thema Staat und Kirche, hrsg. v. Krautscheid/Marré, Bd. 14 (1980), S. 165.
[93] Für eine einheitliche Gefährdungsschwelle aber *Frey*, Diskussionsbeitrag in: Essener Gespräche zum Thema Staat und Kirche, hrsg. v. Krautscheidt/Marré, Bd. 14 (1980), S. 155; *Turowski*, Diskussionsbeitrag ebd., S. 160/161.
[94] BT-Drucks. 8/2788, S. 50; *Diederichsen*, NJW 1980, S. 1 (5).
[95] Siehe S. 53.
[96] So auch BayObLG FamRZ 1982, S. 634 (636).
[97] So auch *Schmitt Glaeser*, Das elterliche Erziehungsrecht, S. 18.

D. § 1631 b BGB

§ 1631 b BGB beschränkt das Personensorgerecht der Eltern, speziell das Aufenthaltsbestimmungsrecht insofern, als die Eltern eine mit Freiheitsentzug verbundene Unterbringung des Kindes nur mit Genehmigung des Vormundschaftsgerichts vornehmen dürfen. Es handelt sich bei dieser Vorschrift mithin um ein präventives Verbot mit Erlaubnisvorbehalt[98].

Die Norm erfaßt die Unterbringung nicht nur kranker oder behinderter, sondern auch gesunder, insbesondere „schwer erziehbarer" Kinder in geschlossenen Heimen und Anstalten oder geschlossenen Abteilungen von Heimen und Anstalten, z. B. einer Trinkerheilanstalt, Erziehungsanstalt für Drogensüchtige oder einer Heil- und Pflegeanstalt[99]. Mit Freiheitsentziehung ist eine solche Unterbringung dann verbunden, wenn das Kind auf unbestimmte Dauer in einem bestimmten beschränkten Raum festgehalten oder eingeschlossen oder eingesperrt wird, sein Aufenthalt ständig überwacht und ein Kontakt nach außen durch Sicherungsmaßnahmen verhindert wird[100]. Eine gewöhnliche Internatserziehung kennt derartig rigide Einschränkungen der persönlichen Freiheit nicht und ist daher ebensowenig als „Freiheitsentziehung" anzusehen wie eine bloße „Beschränkung" der Freiheit, z. B. Ausgangsbeschränkung oder Stubenarrest[101].

Für die verfassungsrechtliche Überprüfung dieser Norm ist es bedeutsam, daß sie staatliche Einmischung in die Entscheidung der Eltern auch dort vorsieht, wo die Eltern mit dem Entschluß, ihr Kind in einer geschlossenen Institution unterzubringen, weder ihr Erziehungsrecht mißbrauchen noch auf andere Weise das Wohl des Kindes gefährden, sondern im Gegenteil gerade zum Wohle des Kindes handeln. Beispiel: die Eltern möchten ihr drogensüchtiges Kind in ein staatlich anerkanntes und überwachtes Drogenentziehungsheim verbringen, wo das Kind während der Entziehungskur eingeschlossen wird. Hier ergeben sich Schwierigkeiten bei der Anwendung der oben genannten Voraussetzungen für einen Eingriff des Staates in das Elternrecht, denn die Eltern verhalten sich ja genau so, wie es ihrer Verantwortung gegenüber dem

---

[98] Mit „Genehmigung" i. S. des § 1631 b BGB ist im Gegensatz zu § 184 Abs. 1 BGB nicht die nachträgliche, sondern die vorherige Zustimmung, also die Erlaubnis bzw. Einwilligung gemeint. Vgl. *Jans/Happe*, Gesetz zur Neuregelung des Rechts der elterlichen Sorge, 1980, § 1631 b Anm. 3.

[99] Vgl. *Belchaus*, Elterliches Sorgerecht, 1980, § 1631 b Rdn. 5 m. w. Nachw.

[100] Vgl. *Diederichsen*, NJW 1980, S. 1 (6).

[101] Einhellige Ansicht, vgl. nur *Schmitt Glaeser*, Das elterliche Erziehungsrecht, S. 27; *Jans/Happe*, Gesetz zur Neuregelung des Rechts der elterlichen Sorge, 1980, § 1631 b Anm. 2; Palandt/*Diederichsen*, BGB, 44. Aufl. 1985, § 1631 b Anm. 2; BT-Drucks. 8/2788, S. 38, 51.

Kind entspricht, während nach den obigen Ausführungen der Anknüpfungspunkt für staatliche Ingerenz aufgrund des Wächteramtes des Art. 6 Abs. 2 S. 2 GG nur ein pflichtwidriges Verhalten der Eltern ist[102].

Der Entschluß, das Kind in einem geschlossenen Heim unterzubringen, kann, er muß aber nicht pflichtwidrig sein. Er wäre sicherlich dann als pflichtwidrig anzusehen, wenn die Eltern ihr Kind in eine geschlossene Einrichtung verbringen, obwohl eine Lösung ihres Erziehungsproblems auf weniger schwerwiegende Weise möglich und sinnvoll ist, denn eine am Menschenbild des Grundgesetzes orientierte Erziehung verlangt, daß das Kind seine Persönlichkeit grundsätzlich in Freiheit entwickeln können soll. Im Hinblick auf diesen Fall ist gegen den Vorbehalt der vormundschaftsgerichtlichen Genehmigung nichts einzuwenden. Das Vormundschaftsgericht erfüllt hier die ihm durch das Wächteramt übertragene Aufgabe, das Kindeswohl zu sichern, indem es etwa die Genehmigung zur Unterbringung versagt, wenn Eltern ihr Kind — z. B. aus Bequemlichkeit — „abschieben" wollen und darin der Ausdruck erzieherischen Versagens zu sehen ist. Die Entscheidung des Vormundschaftsgerichts hat sich dabei am Wohl des Kindes zu orientieren. Auf selbstsüchtige Interessen der Eltern darf — wenn sie dem Kindeswohl zuwiderlaufen — nicht abgestellt werden[103]. Beruht die Unterbringung des Kindes aber auf rein egoistischen Motiven der Eltern (z. B. Ersparnis von Unterhaltskosten), so liegt darin eine mißbräuchliche Ausübung des Personensorgerechts[104].

Bei einer bereits erfolgten Unterbringung könnte das Vormundschaftsgericht hier also gemäß § 1666 Abs. 1 S. 1 BGB eingreifen und die Unterbringung beispielsweise rückgängig machen. Dann ist es aber nicht nur konsequent, sondern darüber hinaus zum Schutze des Kindes sinnvoll, die Unterbringung von vornherein von einer Genehmigung abhängig zu machen und sie so u. U. zu vermeiden.

Diese Argumentation vermag aber nicht zu begründen, warum die Eltern auch dann, wenn die Unterbringung gerade im wohlverstandenen Interesse des Kindes liegt, das Personensorgerecht also nicht mißbraucht wird, die vormundschaftsgerichtliche Erlaubnis einzuholen haben und nicht in eigener Verantwortung entscheiden dürfen. Rechtfertigt man diesen Erlaubnisvorbehalt allein damit, mögliche mißbräuchlichen „Abschiebe"-Unterbringungen vorzubeugen, so kommt hierin

---

[102] *Lissek,* Diskussionsbeitrag in: Essener Gespräche zum Thema Staat und Kirche, hrsg. v. Krautscheidt/Marré, Bd. 14 (1980), S. 163/164, hält die Norm deshalb für verfassungswidrig.

[103] Vgl. *Belchaus,* Elterliches Sorgerecht, 1980, § 1631 b Rdn. 7; Soergel/*Lange,* BGB, 11. Aufl. 1978—83, § 1631 b Anm. 4; Erman/*Ronke,* BGB, 7. Aufl. 1981, § 1631 b Anm. 6.

[104] Vgl. auch *Horndasch,* Zum Wohle des Kindes, S. 179.

ein gewisses Mißtrauen gegenüber elterlichen Entscheidungen zum Ausdruck. Es wird den Eltern quasi unterstellt, sie handelten eigennützig und wählten die für sie bequemste Löung, um Erziehungsschwierigkeiten aus dem Weg zu gehen[105].

Der Erlaubnisvorbehalt für mit Freiheitsentzug verbundene Unterbringungen von Kindern ist indessen — unabhängig von der aufgrund des staatlichen Wächteramts gegebenen Eingriffsbefugnis — legitimiert durch die in den Grundrechten zum Ausdruck kommende objektive Wertordnung. Hervorzuheben ist in diesem Zusammenhang die wertsetzende Bedeutung der die Freiheit der Person als „unverletzliches" Recht verbürgenden Art. 2 Abs. 2 S. 2 und Art. 104 GG. „Die verfassungsrechtliche Grundsatznorm des Art. 2 Abs. 2 S. 2 GG enthält eine objektive Wertentscheidung, die für alle Bereiche des Rechts gilt."[106] Mit der materiellen Freiheitsgarantie des Art. 2 Abs. 2 GG steht die verfahrensrechtliche Freiheitsgarantie des Art. 104 GG in unlöslichem Zusammenhang[107]. Aus dieser Verknüpfung ergibt sich, daß Art. 104 Abs. 2 S. 1 und 2 GG, der „jede" Freiheitsentziehung von richterlicher Entscheidung abhängig macht, „an der allgemeinen, wertentscheidenden Funktion der Freiheitsgarantie teilhat"[108], welche auch auf die Gestaltung der Normen des Privatrechts Einfluß hat. So hat das Bundesverfassungsgericht entschieden, daß eine richterliche Entscheidung nach Art. 104 Abs. 2 S. 1 und 2 GG auch dann erforderlich ist, wenn die Freiheitsentziehung nicht durch die öffentliche Gewalt, sondern kraft privater „Gewalt" (in diesem Fall des Vormundes) erfolgt[109]. Allerdings hat es offengelassen, ob Art. 104 Abs. 2 S. 2 GG auch bei Freiheitsentziehungen im Rahmen der elterlichen Personensorge wirksam wird. Einen möglichen Unterschied zur Freiheitsentziehung durch den Vormund hat es darin gesehen, daß dessen private Fürsorgepflicht gegenüber dem Mündel immerhin auf vormundschaftsgerichtlicher, also staatlicher Bestellung beruhe, während die elterliche Personensorge „natürliches", zumindest aber unmittelbar durch Gesetz begründetes Recht der Eltern sei. Nimmt man hingegen die Aussage des Bundesverfassungsgerichts, Art. 104 Abs. 2 GG gelte als objektive Wertentscheidung für alle Bereiche des Rechts, ernst, so kann seine Geltung im Rahmen des elterlichen Aufenthaltsbestimmungsrechts nicht zweifelhaft sein. So geht auch das Bundesverfassungsgericht an anderer Stelle auf

---

[105] So die Minderheit im Rechtsausschuß des Bundestages, vgl. BT-Drucks. 8/2788, S. 51, 59; *Lissek*, Diskussionsbeitrag in: Essener Gespräche zum Thema Staat und Kirche, hrsg. v. Krautscheidt/Marré, Bd. 14 (1980), S. 164.
[106] BVerfGE 10, S. 302 (322); vgl. auch BVerfGE 29, S. 312 (316).
[107] BVerfGE 10, S. 302 (322).
[108] BVerfGE 10, S. 302 (323).
[109] BVerfGE 10, S. 302 ff.

Differenzierungen nicht ein: „Art. 104 Abs. 2 S. 1 GG... bestimmt... mit Verfassungskraft, daß allein der Richter über die Statthaftigkeit *einer jeden* Freiheitsentziehung zu entscheiden hat."[110]

Wie bereits ausgeführt[111] sind dem Elternrecht und dem es abbildenden und entfaltenden Gesetzgeber aus seiner Einbindung in das Ganze der Verfassung durch die in den Grundrechten zum Ausdruck kommende objektive Wertordnung Grenzen gezogen. Das in § 1631 b BGB geregelte Erfordernis einer gerichtlichen Erlaubnis der Unterbringung des Kindes ist als einfachgesetzliche Konkretisierung dieser Begrenzung zu verstehen. Da sie nicht gegen das Übermaßverbot verstößt (§ 1631 b S. 2 BGB enthält insbesondere eine angemessene Regelung für den Fall, daß mit dem Abwarten des Genehmigungsverfahrens Gefahren verbunden sind, z. B. Selbstmordgefahr oder die Gefahr von suchtmotivierten Straftaten)[112], ist die Norm verfassungsgemäß[113].

E. § 1632 Abs. 4 BGB

Eine weitere Einschränkung des Aufenthalts- und Umgangsbestimmungsrecht der Eltern folgt aus § 1632 Abs. 4 BGB. Während die Eltern grundsätzlich die Herausgabe des Kindes von jedem verlangen können, der es ihnen widerrechtlich vorenthält (§ 1632 Abs. 1 BGB), kann das Vormundschaftsgericht dann, wenn das Kind seit längerer Zeit in einer Pflegefamilie lebt, anordnen, daß es entgegen dem Elternwillen bei der Pflegeperson verbleibt. Eine solche Anordnung ist nach dem Wortlaut des § 1632 Abs. 4 BGB nur zulässig, wenn und solange die Voraussetzungen des § 1666 Abs. 1 S. 1 BGB vorliegen, wobei besonderer Augenmerk auf Anlaß und/oder Dauer der Familienpflege zu richten ist.

Fraglich ist, wie diese Verweisung auf § 1666 Abs. 1 S. 1 BGB aufzufassen ist[114].

In Betracht kommt zunächst, daß der Tatbestand des § 1666 Abs. 1 S. 1 BGB in seinen Varianten erfüllt sein muß. Danach müßte geprüft werden, ob Eltern, die ihr Kind unter den in § 1632 Abs. 4 BGB ge-

---

[110] BVerfGE 10, S. 302 (310), Hervorhebung vom Verf.
[111] Siehe S. 43 f.
[112] Vgl. Palandt/*Diederichsen*, BGB, 44. Aufl. 1985, § 1631 b Anm. 3; Soergel/*Lange*, BGB, 11. Aufl. 1978—83, § 1631 b Anm. 5; Erman/*Ronke*, BGB, 7. Aufl. 1981, § 1631 b Anm. 7.
[113] A. A. *Schmitt Glaeser*, Das elterliche Erziehungsrecht, S. 59; offenbar auch Lissek, Diskussionsbeitrag in: Essener Gespräche zum Thema Staat und Kirche, hrsg. v. Krautscheidt/Marré, Bd. 14 (1980), S. 149.
[114] Kritisch dazu *Schwab*, Gutachten zum 54. DJT 1982, A 123 ff.; vgl. auch *Salgo*, NJW 1985, S. 413 (414), der allerdings anders als *Schwab* die Argumentation de lege lata und de lege ferenda nicht hinreichend auseinanderhält und BVerfGE 68, 176 ff. tendenziös auswertet.

nannten Bedingungen aus einer Pflegestelle wegnehmen wollen, ihr Personensorgerecht etwa mißbrauchen oder ob sie (unverschuldet) versagen[115]. Wäre das nicht der Fall, könnte die Anordnung nach § 1632 Abs. 4 BGB nicht ergehen.

Möglicherweise faßt § 1632 Abs. 4 BGB aber jedes Herausgabeverlangen der Eltern unter den in dieser Norm geregelten Umständen ohne weiteres als Mißbrauch des Personensorgerechts oder als elterliches Versagen auf. Die Wegnahme des Kindes von der Pflegestelle wäre dann als gesetzlich definierter Unterfall des Mißbrauchs der Personensorge bzw. elterlichen Versagens anzusehen, so daß eine Subsumtion unter den Mißbrauchs- oder Versagenstatbestand des § 1666 Abs. 1 S. 1 BGB nicht mehr erforderlich wäre.

Zu diesem Ergebnis gelangt auch eine dritte Auslegung, nach der die Verweisung auf § 1666 Abs. 1 S. 1 BGB nur die Tatbestandsmerkmale der Gefährdung des körperlichen, geistigen oder seelischen Wohls des Kindes und den mangelnden Willen bzw. die mangelnde Fähigkeit der Eltern zur Abwendung dieser Gefahr erfaßt, hingegen die in § 1666 Abs. 1 S. 1 BGB beschriebenen Gefährdungsursachen durch das Herausgabeverlangen der Eltern substituiert sieht. Nach dieser Auslegung bräuchte die Wegnahme des Kindes nicht notwendig einen Mißbrauch des Sorgerechts darzustellen, um die Rechtsfolge des § 1632 Abs. 4 BGB auszulösen.

Da der Wortlaut des § 1632 Abs. 4 BGB global auf die Voraussetzungen des § 1666 Abs. 1 S. 1 BGB verweist, also nicht zwischen ihnen differenziert, spricht einiges für die erste Auslegungsmöglichkeit. Gegen sie bestehen auch keine verfassungsrechtlichen Bedenken, da sie dem Tatbestand des § 1632 Abs. 4 BGB keine eigenständige Bedeutung zukommen ließe, die Rechtsfolge dieser Norm vielmehr letztlich vollständig von der Erfüllung des Tatbestands des § 1666 Abs. 1 S. 1 BGB abhinge, der nach den obigen Ausführungen mit dem Elternrecht des Grundgesetzes vereinbar ist.

Im Hinblick auf die zweite der genannten Auslegungsmöglichkeiten ist zu beachten, daß der Mißbrauch des Personensorgerechts die Voraussetzung staatlichen Eingreifens in das Elternrecht darstellt[116]. Es steht daher nicht im Belieben des Gesetzgebers, festzulegen, welches Verhalten der Eltern einen Mißbrauch des Sorgerechts darstellt. Ließe man dies unbeschränkt zu, so könnte er die verfassungsrechtlichen Bindungen, denen er unterliegt, umgehen. Daher wäre § 1632 Abs. 4 BGB,

---

[115] So *Belchaus*, Elterliches Sorgerecht, 1980, § 1632 Rdn. 19; Erman/*Ronke*, BGB, 7. Aufl. 1981, § 1632 Anm. 27; *Gleißl/Suttner*, FamRZ 1982, S. 122 (126); *Holzhauer*, ZRP 1982, S. 222 (224 f.).

[116] Vgl. oben S. 53, 63.

wollte man die dort geregelte Wegnahme des Kindes von Gesetzes wegen als Mißbrauch oder Versagen der Eltern auffassen oder ihnen gleichstellen, nur dann verfassungsgemäß, wenn dies auch das Ergebnis eines normalen Subsumtionsvorgangs wäre. Es stellt sich daher die Frage, ob Eltern, die ihr seit längerer Zeit in Familienpflege lebendes Kind von der Pflegeperson wegnehmen wollen, damit gleichzeitig eine der Tatbestandsvarianten des § 1666 Abs. 1 S. 1 BGB erfüllen[117] oder aber (im Hinblick auf die dritte Auslegungsmöglichkeit) eine diesen Tatbestandsvarianten gleichwertige Gefährdungsursache setzen. Dabei kommt in erster Linie der Mißbrauch des Personensorgerechts in Betracht[118].

Dem Mißbrauch des Personensorgerechts ist das Kriterium der Kindeswohlgefährdung immanent[119]. Gleiches gilt für den Topos des elterlichen Versagens, da dieser als Oberbegriff der Mißbrauchsfälle aufzufassen ist[120].

Einem elterlichen Herausgabeverlangen gegenüber einer Pflegeperson als solchem ist noch nicht zu entnehmen, ob es in einer das Wohl des Kindes gefährdenden Weise mißbräuchlich ist. Möglicherweise entspricht es ihm sogar gerade. Es kann aber auch sein, daß das Kind sich einerseits gegenüber den leiblichen Eltern völlig entfremdet und sich andererseits so stark in die Pflegefamilie integriert hat, daß es zu den Pflegeeltern emotionale Beziehungen wie zu leiblichen Eltern aufgebaut hat, diese also als elterliche Bezugspersonen erlebt[121]. In diesem Fall ist die Sorge begründet, daß die Herausnahme des Kindes aus der gewohnten Umgebung zu erheblichen seelischen Störungen des Kindes führt. Ist das Kind zudem seinerzeit deshalb in Pflege gegeben worden, weil die Eltern bei seiner Erziehung versagten („Anlaß"), und befindet es sich schon geraume Zeit, etwa mehrere Jahre, in der Pflege und Erziehung leistenden Pflegefamilie („Dauer"), so *muß* das Vormundschaftsgericht den Verbleib des Kindes in der Pflegefamilie anordnen[122]. Fordern die Eltern ihr Kind in einer solchen Situation von den Pflege-

---

[117] Dazu auch *Schwab*, Gutachten zum 54. DJT 1982, A 123 ff.
[118] Vgl. dazu insbesondere *Horndasch*, Zum Wohle des Kindes, S. 180 ff.
[119] Vgl. oben S. 63. Das gleiche gilt für die Vernachlässigung des Kindes, vgl. oben S. 56.
[120] Vgl. oben S. 65.
[121] Vgl. BVerfGE 68, S. 176 (185, 187); Palandt/*Diederichsen*, BGB, 44. Aufl. 1985, § 1632 Anm. 3 a; *Belchaus*, Elterliches Sorgerecht, 1980, § 1632 Rdn. 18; *Münder*, RdJB 1981, S. 82 (92); *Gleißl/Suttner*, FamRZ 1982, S. 122 (126); OLG Karlsruhe NJW 1979, S. 930 (931); BayObLG NJW 1984, 2168 f.; OLG Frankfurt FamRZ 1983, S. 297 (298). Demgegenüber wird vom OLG Hamm, DAVorm. 1981, Sp. 921 (925) zu ausschließlich auf die Kindesinteressen abgestellt.
[122] Ermessensreduktion auf Null, vgl. Palandt/*Diederichsen*, BGB, 44. Aufl. 1985, § 1632 Anm. 3 c.

eltern heraus, so kann dieses Verhalten unter Abwägung des ihnen und den Pflegeeltern zukommenden Grundrechtsschutzes ein Eingreifen des Staates gestatten.

Daneben mag es aber auch Fälle geben, in denen das Kind zwar die emotionale Bindung an die leiblichen Eltern nicht verloren hat, sich aber bei den Pflegeeltern wohl fühlt und dort gut versorgt, u. U. sogar sozial und geistig besser gefördert wird als in der Ursprungsfamilie. Die bessere Förderung des Kindes in der Pflegefamilie ist für sich allein betrachtet kein Gesichtspunkt, der einen staatlichen Eingriff in das elterliche Sorgerecht vor dem Grundgesetz rechtfertigen kann[123]. Solange das bisherige und das erwartete Verhalten der Eltern gegenüber dem Kind überhaupt als eine am Wohl des Kindes ausgerichtete Erziehung i. S. d. Art. 6 Abs. 2 GG angesehen werden kann, hat der Staat sich nach den obigen Ausführungen[124] nicht darum zu kümmern, ob etwas „schlechter" oder „besser" für das Kind sei. Er hat grundsätzlich davon auszugehen, daß die natürlichen Eltern von ihrem Erziehungsrecht verantwortungsvollen Gebrauch machen und — gleichsam instinktiv — das Richtige für ihr Kind tun. Wenn allerdings aufgrund des Verhaltens der Eltern zu befürchten ist, das Kind werde von ihnen nicht, bzw. nicht nach dem Menschenbild des Grundgesetzes erzogen, ist der Staat zum Schutze des Kindes aufgerufen. Insofern kommt dem „Anlaß" der Weggabe des Kindes in die Pflegefamilie in der Tat besondere, nämlich *indizielle* Bedeutung zu, was § 1632 Abs. 4 BGB zu Recht auch herausstellt[125].

Findet sich ein solcher negativer Anlaß im bisherigen Verhalten der Eltern nicht, haben sie beispielsweise das Kind wegen eines länger dauernden Krankenhausaufenthalts der Mutter in Pflege gegeben, oder ist es ihnen genommen worden, ohne daß die Voraussetzungen des § 1666 Abs. 1 BGB im Zeitpunkt der Weggabe vorlagen[126], so kommt es darauf an, ob das *Herausgabeverlangen selbst* sich als eine Maßnahme darstellt, die noch vom Begriff der Erziehung, wie ihn das Grundgesetz versteht, gedeckt ist, oder ob die Wegnahme im Gegenteil sich etwa als Mißbrauch des Sorgerechts darstellt[127] oder Ausdruck (objektiven) Versagens der Eltern ist. Wesentlich ist jedenfalls, daß das Vormundschaftsgericht das Verhalten der Eltern in Betracht ziehen muß und nicht davon losgelöst sich allein an einem objektivierten Kindeswohl-

---

[123] Vgl. dazu BVerfGE 60, S. 79 (94); *Gernhuber*, FamRZ 1973, S. 229 (238 f.); *Lüderitz*, AcP Bd. 178 (1978), S. 163 (292) unter Hinweis auf die insofern bedenkliche Entscheidung des OLG Köln, FamRZ 1971, S. 182. Tendenziell bedenklich auch OLG Hamm DAVorm. 1981, Sp. 921 (925).
[124] Siehe S. 52.
[125] Vgl. auch *Gleißl/Suttner*, FamRZ 1982, S. 122 (127).
[126] So in dem vom BVerfGE 68, S. 176 ff. entschiedenen Fall.
[127] Dazu *Schwab*, Gutachten zum 54. DJT, 1982, A 125 ff.

begriff orientieren darf[128]. So wird das mit dem Grundgesetz nicht zu vereinbarende Ergebnis vermieden, daß der sog. Oberschicht angehörende Pflegeeltern die Entfremdung zwischen Kind und leiblichen, der sog. Unterschicht angehörenden Eltern fördern, dadurch Umstellungsschwierigkeiten herbeiführen und dann im Herausgabestreit mit Hilfe günstiger Sachverständiger einen Verbleib des Kindes erreichen[129].

Zu prüfen hat das Vormundschaftsgericht allerdings, ob das Herausgabeverlangen nicht bereits deshalb als Mißbrauch oder „Versagen" zu qualifizieren ist, weil es die zum Wohl des Kindes erforderliche Kontinuität und Verläßlichkeit der Lebensverhältnisse und Bezugspersonen unbeachtet läßt. Jede abrupte Herausnahme des Kindes aus seiner gewohnten Umgebung zerstört diese Kontinuität. So sollen nach neueren sozialwissenschaftlichen, insbesondere kinderpsychologischen Erkenntnissen bei — am Zeitgefühl des Kindes orientierter — längerer Pflegbeziehung die Bindungen des Kindes an die Pflegefamilie nicht ohne schwere Gefährdung des Kindeswohls abzubrechen sein[130].

Andererseits ist zu beachten, daß dem Elternrecht des Grundgesetzes auch eine „eigennützige", auf Selbstverwirklichung und Daseinserfüllung gerichtete Komponente eigen ist[131], die die Eltern grundsätzlich auch dazu berechtigt, dem Kind Umstellungen zuzumuten[132]. Es bedarf daher für derartige Fälle einer Abwägung der beiden Komponenten des elterlichen Erziehungsrechts, der „fremdnützigen" zum Wohle des Kindes und der „eigennützigen", wobei auch das entstehende Elternrecht der Pflegepersonen[133] Berücksichtigung finden muß. In *Einzelfällen* mag dabei auch ohne Berücksichtigung des Anlasses der Weggabe allein wegen der Dauer des Pflegeverhältnisses und der daraus erwachsenden Bindung des Kindes an die Pflegeeltern ein Rückführungsbegehren der leiblichen Eltern mißbräuchlich oder Ausdruck des Versagens sein[134].

Der Gesetzgeber hat sich um einen verhältnismäßigen Ausgleich der widerstreitenden Positionen bemüht, indem er durch die Formulierung „wenn und solange" (die Voraussetzungen des § 1666 Abs. 1 S. 1 BGB vorliegen) dem Vormundschaftsgericht flexible Lösungen eröffnet und

---

[128] Vgl. im einzelnen dazu oben S. 55 ff.
[129] Beispiel von *Lüderitz*, AcP Bd. 178 (1978), S. 290 (293). Vgl. auch *Ossenbühl*, Das elterliche Erziehungsrecht, S. 87 f.
[130] Vgl. *Baer*, FamRZ 1982, S. 221 (225 f.); *Klußmann*, Das Kind im Rechtsstreit der Erwachsenen, 1981, S. 130 ff.; *Salgo*, NJW 1985, S. 413 (414) m. w. N.
[131] Vgl. oben S. 32, 55.
[132] Das wird von *Baer*, FamRZ 1982, S. 221 (227) verkannt.
[133] Vgl. dazu i. e. oben S. 28 f.
[134] Vgl. OLG Frankfurt FamRZ 1983, S. 1163 (1164); BVerfGE 68, S. 176 (191), dort auch — S. 189 — zur Entstehungsgeschichte des § 1632 Abs. 4 BGB.

es nicht zwingt, entweder den endgültigen Verbleib des Kindes in der Pflegefamilie oder aber dessen endgültige Eingliederung in die Ursprungsfamilie anzuordnen. So kann es Übergangsregelungen treffen, etwa Besuchsregelungen, die mit dem Ziel, das Kind wieder seinen leiblichen Eltern zuzuführen, eine Eingewöhnung des Kindes in die Ursprungsfamilie erleichtern[135]. Die Norm entspricht damit den verfassungsrechtlichen Anforderungen an eine Einschränkung des Elternrechts[136].

F. § 1693 BGB

Maßnahmen des Vormundschaftsgerichts gemäß § 1693 BGB sind dann zulässig, wenn beide Elternteile verhindert sind, die elterliche Sorge auszuüben. Die Verhinderung kann rechtlicher (§ 1673 BGB) oder tatsächlicher (§ 1674 BGB) Art sein und beruhen etwa auf Geschäftsunfähigkeit, Krankheit, Gefangenschaft oder Abwesenheit[137]. Sie hat zur Folge, daß eine Pflege und Erziehung des Kindes durch die Eltern nicht stattfindet. Dieser Befund rechtfertigt nach den obigen Ausführungen ein Eingreifen des Staates. Sein Wächteramt verpflichtet ihn in diesen Fällen, zum Wohle des Kindes die geeigneten und erforderlichen Maßnahmen zu treffen und Beschränkungen des Elternrechts hinzunehmen[138].

Gegen § 1693 BGB sind daher keine verfassungsrechtlichen Bedenken zu erheben.

---

[135] Vgl. *Belchaus*, Elterliches Sorgerecht, 1980, § 1632 Rdn. 20; Palandt/ *Diederichsen*, BGB, 44. Aufl. 1985, § 1632 Anm. 3 c; Soergel/*Lange*, BGB, 11. Aufl. 1978—83, § 1632 Anm. 24; *Gleißl/Suttner*, FamRZ 1982, S. 122 (126); BayObLG NJW 1984, 2168 f.; aus kinderpsychologischer Sicht Bedenken gegen derartige Umgewöhnungsversuche bei *Salgo*, NJW 1985, S. 413 (414); *Baer*, FamRZ 1982, S. 221 (226); *Zenz*, Gutachten zum 54. DJT, 1982, A 1 (37 f., 41 f.).

[136] Ebenso BVerfGE 68, S. 176 (188).

[137] Vgl. *Belchaus*, Elterliches Sorgerecht, 1980, §1693 Rdn. 2.

[138] Vgl. dazu auch *H. Peters*, in: Bettermann/Nipperdey/Scheuner, Die Grundrechte, IV/1, 1960, S. 369 (377 f.).

Drittes Kapitel

Die Verfassungsmäßigkeit der Regelungen des Jugendhilferechts

A. Das Verhältnis von Staat und Familie nach dem geltenden Jugendhilferecht

Grundsätzliche Aussagen über das Spannungsverhältnis zwischen staatlicher Teilhabe an der Erziehung und dem Recht der Eltern und der Familie enthalten § 1 JWG sowie § 8 SGB I. § 1 Abs. 2 S. 1 JWG lautet: „Das Recht und die Pflicht der Eltern zur Erziehung werden durch dieses Gesetz nicht berührt." Damit ist nicht gemeint, daß Eingriffe in das Elternrecht durch Vorschriften des JWG nicht stattfinden; von der Zulässigkeit des Eingreifens in das Elternrecht geht § 1 Abs. 2 S. 2 JWG ausdrücklich aus. § 1 Abs. 2 S. 1 JWG bestimmt vielmehr, daß die Vorschriften des JWG den Inhalt und Umfang des verfassungsrechtlichen Elternrechts sowie seine Ausgestaltung im BGB nicht verändern, also die elterliche Verantwortung für die Erziehung des Kindes weder zugunsten des Staates verringern noch zugunsten der Eltern erweitern. Das JWG stellt keine zusätzlichen Anforderungen an die elterliche Erziehung. Es läßt Eingriffe in die elterliche Erziehung nicht zu, solange diese sich in dem Rahmen bewegt, der den Eltern durch die das Elternrecht verbürgenden und konkretisierenden Vorschriften außerhalb des JWG gezogen ist[1].

Anknüpfungspunkte für das Tätigwerden der Jugendhilfe nennen § 1 Abs. 3 JWG und § 8 S. 2 SGB I, die damit als Aufgabenzuweisungsnormen den Funktionsbereich der Jugendhilfe abstecken. Beide Vorschriften gehen von einem „Recht" bzw. „Anspruch" des Jugendlichen „auf Erziehung" aus und sehen dessen Gewährleistung als Legitimationsgrundlage für die Tätigkeit der Jugendhilfe an. Nach § 1 Abs. 3 JWG tritt öffentliche Jugendhilfe „unbeschadet der Mitarbeit freiwilliger Tätigkeit" insoweit ein, als „der Anspruch des Kindes auf Erziehung von der Familie nicht erfüllt wird". Gemäß § 8 S. 2 SGB I wird dieses „Recht auf Erziehung" von der Jugendhilfe gewährleistet, und

---

[1] Vgl. *Potrykus*, JWG, 2. Aufl. 1972, § 1 Anm. 6; *Krug*, JWG, Stand Mai 1984, § 1 Anm. 7.

zwar zum einen durch Angebote zur allgemeinen Förderung der Jugend und der Familienerziehung, zum anderen — soweit es nicht von den Eltern verwirklicht wird — durch erzieherische Hilfe.

Fraglich ist, ob diese beiden Vorschriften echte Voraussetzungen für das Stattfinden staatlicher Jugendhilfe aufstellen. In diesem Rahmen stellt sich weiter die Frage, welcher Qualität das in beiden Vorschriften angesprochene „Recht auf Erziehung" ist und wie es verfassungsrechtlich zu bewerten ist. Dieser Frage soll zunächst nachgegangen werden.

1. Das „Recht auf Erziehung"

Von einem „Recht des Kindes auf Erziehung" ist im Grundrechtskatalog einiger Landesverfassungen die Rede, zumeist vereinigt mit dem Recht auf Bildung[2]. Darüber hinaus wurde es in sämtlichen für die Jugendhilferechtsreform maßgeblichen Entwürfen jeglicher politischer Couleur proklamiert.

Es fehlt indes nicht an Stimmen, die die gesetzliche Verbürgung eines „Rechts des Kindes auf Erziehung" als verfassungsrechtlich bedenklich ansehen, weil sie zur Einschränkung des Rechts der Eltern zur Erziehung geeignet sei[3]. Zur Begründung wird etwa vorgetragen, das „Recht des Kindes auf Erziehung" sei Ausfluß seiner Grundrechte; diese seien aber in jedem Fall nachrangig gegenüber denen seiner Eltern, insbesondere gegenüber dem Recht aus Art. 6 Abs. 2 S. 1 GG. Rechte des Minderjährigen müßten nach dem Grundgesetz stets gegenüber dem elterlichen Erziehungsrecht zurücktreten[4]. Die Bedenken werden weiterhin von der Sorge getragen, § 1 Abs. 1 JWG könne dem jungen Menschen einen einklagbaren Anspruch, also möglicherweise ein subjektives (öffentliches) Recht gewähren, das in dieser Form dann aber zu unbestimmt formuliert sei, wodurch die in der Hand des Richters liegende Normanwendung erst für die inhaltliche Bestimmung der Erziehung sorge[5]. Letztlich wird auch befürchtet, daß — sollte § 1 Abs. 1 JWG ein subjektives öffentliches und damit einklagbares Recht des Kindes verbürgen — die „Verrechtlichung" der familiären Beziehungen so weit getrieben werde, daß das Hineingelangen von Konflikten in die Familie

---

[2] Vgl. etwa Art. 8 Abs. 1 S. 1 Verf.NW.

[3] Vgl. *Geiger*, Elterliche Erziehungsverantwortung, S. 9 (26 f.); *Feddersen*, Elterliches Sorgerecht und Jugendhilfe im Meinungsstreit, Hrsg. Deutscher Elternverein e. V., 1979, S. 16 und passim; *Th. Würtenberger*, in: Jugendhilfe, hrsg. von E. Jordan, 1975, S. 134 (137), ausgehend von einem einklagbaren Recht auf Erziehung.

[4] So *Feddersen*, Elterliches Sorgerecht und Jugendhilfe im Meinungsstreit, Hrsg. Deutscher Elternverein e. V., 1979, S. 1, 11 f., 15.

[5] Vgl. *Th. Würtenberger*, in: Jugendhilfe, hrsg. von E. Jordan, 1975, S. 134 (136).

A. Verhältnis von Staat und Familie

vorprogrammiert sei, wenn das Kind „auf Erziehung" klagen könne[6], die elterliche Autorität auf diese Weise also untergraben werden könne.

Die Frage, ob § 1 Abs. 1 JWG ein subjektives Recht gewährt, stellt sich im übrigen nicht nur unter verfassungsrechtlichen Gesichtspunkten, sondern allein schon im Hinblick auf die praktische Anwendung dieser Vorschrift. Nicht zuletzt deshalb muß vor der Frage, ob die Gewährung eines subjektiven öffentlichen Rechts durch § 1 Abs. 1 JWG gegen Art. 6 Abs. 1, 2 GG verstößt, die Frage stehen, ob das „Recht auf Erziehung" in der Tat einen durchsetzbaren Anspruch darstellt. Nachdem sich in der Diskussion dieser Frage im Hinblick auf § 1 Abs. 1 JWG die gegenteilige Meinung durchgesetzt hatte, wurde die Problematik durch die Hineinnahme des „Rechts auf Erziehung" in die verschiedenen Entwürfe zur Reform des Jugendhilferechts erneut aufgegriffen. § 1 Abs. 1 JHG, der nach Beendigung der Jugendhilferechtsreform dieses Recht verbürgen sollte, wurde dabei insbesondere im Zusammenhang mit den übrigen Bestimmungen des § 1 JHG angegriffen, die — anknüpfend an das „Recht auf Erziehung" — die Leistungsbereiche der Jugendhilfe definieren (§ 1 Abs. 3 S. 2 JHG) und dabei den Jugendhilfeträgern auch vorgeben, welche Ziele mit der Gewährung von Jugendhilfe „dabei" (§ 1 Abs. 5 S. 1 JHG) anzustreben sind. So soll etwa gemäß § 1 Abs. 5 S. 2 JHG Jugendhilfe die Jugendlichen „befähigen, ihre persönlichen und gesellschaftlichen Lebensbedingungen zu erkennen, ihre eigenen Rechte und Interessen unter Achtung der Rechte anderer wahrzunehmen, ihre Pflichten gegenüber Mitmenschen, Familie, Gesellschaft und Staat zu erfüllen und an der Gestaltung von Staat und Gesellschaft mitzuwirken". Dieser Zusammenhang ist Hintergrund der Befürchtung, durch das JHG werde die permanente Intervention des Staates in familiäre Erziehungsfragen ermöglicht, werde der Staat zu einem eigenständigen, den Eltern gleichberechtigten Erziehungsträger, weil das JHG ein „komplette(s) Erziehungsprogramm"[7] biete. Ausgehend von der geltenden Rechtslage interessiert indessen nur, ob es sich bei § 1 Abs. 1 JWG um eine Norm handelt, aus der ein subjektives öffentliches oder privates Recht hergeleitet werden kann, oder ob es sich nur um objektives Recht oder auch nur um einen bloßen Programmsatz handelt. Die h. M. tendiert (bis heute) zu letzterem, erkennt aber einen Anspruch des Kindes gegen den Träger der Jugendhilfe auf einzelne Jugendhilfemaßnahmen an, der sich aus § 1 Abs. 3 JWG ergeben soll, wo auch — anders als in Abs. 1 — von „Anspruch" die Rede ist[8].

---

[6] Vgl. Th. Würtenberger, in: Jugendhilfe, hrsg. von E. Jordan, 1975, S. 134 (137).
[7] Vgl. Geiger, Elterliche Erziehungsverantwortung, S. 9 (26).
[8] Vgl. Friedeberg/Polligkeit/Giese, JWG, 3. Aufl. 1972, § 1 Anm. 5 b; Riedel, JWG, 4. Aufl. 1965, § 1 Rdn. 7 (S. 72); Potrykus, JWG, 2. Aufl. 1972, § 1 Anm. 1;

Ein subjektives öffentliches Recht beruht auf einem Rechtssatz des öffentlichen Rechts. Dieser ist dadurch gekennzeichnet, daß zumindest ein Zuordnungssubjekt des Rechtssatzes ausschließlich der Staat oder eine seiner Untergliederungen ist (modifizierte Subjektstheorie)[9]. Das wäre bei § 1 Abs. 1 JWG dann der Fall, wenn Verpflichteter aus dieser Norm allein der Staat wäre.

Der Wortlaut des § 1 Abs. 1 JWG gibt dafür nichts her. § 1 Abs. 2 JWG spricht im Gegenteil dafür, daß das JWG die Eltern, also Private, als die in erster Linie zur Erziehung Verpflichteten ansieht. Von einer Verpflichtung des Staates zur Erziehung ist demgegenüber in § 1 JWG keine Rede.

Gegen die Annahme, aus § 1 Abs. 1 JWG lasse sich ein subjektives öffentliches Recht herleiten, ergibt sich ein weiteres Argument aus der Einbeziehung des JWG in das SGB[10], die eine Heranziehung des § 8 SGB I erforderlich macht. Obwohl § 1 JWG und § 8 SGB I im Wortlaut Unterschiede aufweisen, spricht doch eine gewisse Vermutung dafür, daß sich das in § 8 SGB I hervorgehobene „Recht" jedes jungen Menschen „auf Erziehung" inhaltlich mit dem Recht auf Erziehung des § 1 Abs. 1 JWG deckt. Daß sich aus § 8 S. 1 SGB I aber kein subjektives öffentliches Recht herleiten läßt[11], folgt aus § 2 Abs. 1 S. 1 SGB I, der die Handhabung der „nachfolgenden sozialen Rechte" und damit auch des „Rechts auf Erziehung" regelt. Danach können aus den sozialen Rechten (§§ 3 bis 10 SGB I) „Ansprüche nur insoweit geltend gemacht oder hergeleitet werden, als deren Voraussetzungen und Inhalte durch die Vorschriften des besonderen Teils dieses Gesetzbuchs im einzelnen bestimmt sind". Eigene Bedeutung erlangen die sozialen Rechte des SGB I lediglich dadurch, daß sie gemäß § 2 Abs. 2 SGB I bei der Auslegung von Normen des SGB und bei der Ausübung von Ermessen zu beachten sind. Damit erfüllen die sozialen Rechte des SGB I die typischen Merkmale von Programmsätzen[12]. Das „Recht auf Erziehung" nach § 8 S. 1 SGB I gewinnt somit zwar Geltungskraft als Leitgedanke für das gesamte Jugendhilferecht, stellt aber kein dem einzelnen jungen Menschen gewährtes subjektives Recht dar.

Jans/Happe, JWG, 1963, § 1 Anm. 3; *Krug*, JWG, Stand Mai 1984, § 1 Anm. 6; *Horndasch*, Zum Wohle des Kindes, S. 217/218; *Schneider*, Die öffentliche Jugendhilfe zwischen Eingriff und Leistung, 1964, S. 211 f.

[9] Vgl. nur *Erichsen*, Staatsrecht und Verfassungsgerichtsbarkeit I, 3. Aufl. 1982, S. 60; *Martens*, in: Erichsen/Martens, Allgemeines Verwaltungsrecht, 6. Aufl. 1983, § 10 II 5 m. w. Nachw.

[10] Vgl. dazu oben S. 13.

[11] A. A. aber wohl *Stolleis*, Eltern- und Familienbildung als Aufgabe der Jugendhilfe, 1978, S. 45.

[12] Vgl. *v. Maydell*, in: Burdenski/v. Maydell/Schellhorn, SGB AT, 2. Aufl. 1981, § 2 Rdn. 11; *dens.*, DVBl. 1976, S. 1 (3); differenzierend *Rode*, in: Bochumer Kommentar zum SGB AT, 1979, § 3, Anm. 3.

A. Verhältnis von Staat und Familie

Faßt man dergestalt auch das in § 1 Abs. 1 JWG genannte „Recht auf Erziehung" als bloßen Leitgedanken des Jugendhilferechts auf[13], der weder ein subjektives (öffentliches) Recht gegen den Träger der Jugendhilfe, noch ein subjektives (privates) Recht gegen die Erziehungsberechtigten statuiert, so stellt sich die Frage, welches Anliegen dieser Leitgedanke verfolgt und welches seine Auswirkungen sind. Dem „Recht auf Erziehung" kommt hier im wesentlichen eine deklaratorische Bedeutung und damit eine Klarstellungsfunktion zu. Es geht darum, die „Subjektivität des Kindes im Erziehungsprozeß" hervorzuheben[14], es also nicht als bloßes „Objekt" einer Erziehung erscheinen zu lassen. Erziehung soll hier nicht von der Warte und der Rechtsposition des Erziehenden betrachtet werden, sondern aus der Sicht des zu Erziehenden, des Kindes; nicht das Recht der Eltern zur Erziehung, erst recht nicht andere Interessen, etwa an der Heranziehung der Kinder zu gesellschaftlicher und staatsbürgerlicher Tüchtigkeit, stehen im Mittelpunkt des Norminteresses, sondern die eigene, ursprüngliche, subjektive Rechtsstellung des Kindes, die zu verwirklichen Aufgabe und Ziel jeder am Menschenbild des Grundgesetzes orientierten Erziehung ist[15].

Allerdings ist dieses „Recht des Kindes auf Erziehung" im Grundgesetz nicht als solches verankert, sondern ist allenfalls Reflex der mit dem Elternrecht des Art. 6 Abs. 2 S. 1 GG unlösbar verbundenen Pflicht zur Erziehung, ein Reflex, dem kein eigenes verfassungsrechtliches Gewicht in Form eines gegen die Eltern gerichteten Anspruchs zukommt[16]. Als Rechts- bzw. Pflicht-Reflex gedeutet erhellt sich auch die Bedeutung des „Rechts auf Erziehung" für die Praxis. Es spielt vor allem im Rahmen des § 1 Abs. 3 JWG eine Rolle. Die Nichterfüllung der den Eltern durch Art. 6 Abs. 2 S. 1 GG auferlegten Verpflichtung bzw. Verantwortung dem Kinde gegenüber ruft reflexwise die Folge hervor, daß der Erziehungs„anspruch" des Kindes nicht erfüllt ist. Die mangelnde Verwirklichung elterlicher Pflichten geht der Nichterfüllung des Erziehungs„anspruchs" logisch voraus. Vorschriften, die an die Nichterfüllung des Erziehungs„anspruchs" Sanktionen anknüpfen, sind daher aus verfassungsrechtlicher Sicht so zu beurteilen wie diejenigen,

---

[13] Zur Funktion auch des § 1 Abs. 1 JWG als Ermessensrichtlinie vgl. *Friedeberg/Polligkeit/Giese*, JWG, 3. Aufl. 1972, § 1 Anm. 5 b.
[14] *Mrozynski*, Jugendhilfe und Jugendstrafrecht, 1980, S. 5.
[15] Vgl. auch *Friedeberg/Polligkeit/Giese*, JWG, 3. Aufl. 1972, § 1 Anm. 5 b.
[16] So auch etwa H. *Peters*, in: Bettermann/Nipperdey/Scheuner, Die Grundrechte, IV/1, 1960, S. 369 (378). Vgl. auch BGH NJW 1968, S. 937 (939 f.), wo dem Recht des Kindes auf Erziehung nicht „unmittelbar ein verfassungsrechtlicher Rang" zuerkannt wird, es aber als ein „von der Rechtsordnung anerkannter hoher Wert" bezeichnet wird. A. A. *Horndasch*, Zum Wohle des Kindes, S. 26; *Jans*, Grundzüge eines künftigen Jugendhilferechts, in: Schriften des Deutschen Vereins für öffentliche und private Fürsorge, 1970, S. 208 (215).

die an den Mißbrauch der Personensorge oder andere Tatbestände pflichtwidrigen elterlichen Verhaltens anknüpfen.

2. Erziehungsdefizit als Voraussetzung der Gewährung von Jugendhilfe?

a) Jugendfürsorge und allgemeine Förderungsangebote

§ 8 S. 2 SGB I unterscheidet Angebote zur allgemeinen Förderung der Jugend und der Familienerziehung einerseits und erzieherische Hilfen andererseits und macht im Unterschied zu § 1 Abs. 3 JWG lediglich die Gewährung erzieherischer Hilfe von der Tatsache abhängig, daß der „Anspruch" des Kindes auf Erziehung nicht erfüllt wird; die allgemeinen Förderungen hingegen können vom Träger der Jugendhilfe stets und ohne Rücksicht auf die jeweilige Erziehungssituation angeboten werden.

§ 2 Abs. 2 JWG teilt zwar ebenfalls die öffentliche Jugendhilfe in die Bereiche der Jugendpflege und der Jugendfürsorge ein, wobei die Jugendpflege im wesentlichen die in § 8 S. 2 SGB I genannten Förderungsangebote abdeckt und die Jugendfürsorge weitgehend mit dem Bereich der erzieherischen Hilfen übereinstimmt[17]. Diese Einteilung hat aber für die Anwendung des § 1 Abs. 3 JWG keine Konsequenzen, da hier der gesamte Bereich der öffentlichen Jugendhilfe, also sowohl Jugendfürsorge als auch Jugendpflege angesprochen und von der Nichterfüllung des Erziehungs„anspruchs" abhängig gemacht wird (Prinzip der Einheit der Jugendhilfe[18]).

Dieses Ergebnis scheint widersprüchlich, wenn man sich vergegenwärtigt, daß unter Jugendpflege herkömmlich die Gewährung individueller Erziehungs- und Bildungshilfen verstanden wird, die eine Gefährdung des Jugendlichen durch elterliches Erziehungsunterlassen nicht voraussetzt, im Gegensatz zur Jugendfürsorge, die sich auf gefährdete oder schon gestrauchelte Jugendliche bezieht[19]. Während also § 1 Abs. 3 JWG davon auszugehen scheint, daß Kinder, denen eine familiäre Erziehung zuteil wird und die deshalb ungefährdet sind, öffentliche Jugendhilfe nicht benötigen und nicht in Anspruch nehmen können sollen, besteht auf der anderen Seite ein wesentlicher Bereich der Jugendhilfe gerade in Förderungsleistungen für solche Kinder.

---

[17] Vgl. *Rode*, in: Bochumer Kommentar zum SGB AT, 1979, § 8 Rdn. 11, 12. Zur Gesetzgebungskompetenz des Bundes für die Jugendpflege siehe BVerfGE 22, S. 180 (212 ff.). Vgl. auch *Happe*, ZRP 1979, S. 110 (112); *Zuleeg*, FamRZ 1980, S. 210.

[18] Vgl. *Happe*, ZRP 1979, S. 110 (112).

[19] BVerfGE 22, S. 180 (212).

A. Verhältnis von Staat und Familie

Es bieten sich verschiedene Möglichkeiten an, diesen Widerspruch innerhalb des JWG durch Auslegung des § 1 Abs. 3 JWG zu lösen und damit im Ergebnis auch eine Angleichung an § 8 S. 2 SGB I zu erreichen, die an dieser Stelle aber nicht ausdiskutiert, sondern nur erwähnt werden können. So läßt sich z. B. überlegen, ob § 1 Abs. 3 JWG nicht auch graduelle Abstufungen der Erfüllung des Erziehungs"anspruchs" kennt. Die Wortfassung „insoweit" könnte dafür sprechen, daß die öffentliche Jugendhilfe nicht erst dann tätig werden darf, wenn der Erziehungs"anspruch" des Kindes gar nicht erfüllt wird, sondern bereits dann, wenn ihm nur zum Teil Rechnung getragen wird[20]. Aufgabe der Jugendhilfe könnte es dann sein, diese Lücken zu schließen, wenn es sich etwa um ein Defizit an familiären Bildungsleistungen handelt, Bildungshilfen anzubieten. Für diese Sicht spricht § 3 Abs. 1 S. 1 JWG, nach dem die öffentliche Jugendhilfe die in der Familie des Kindes begonnene Erziehung „unterstützen und ergänzen" soll.

b) § 1 Abs. 3 JWG als Normierung einer Grenze öffentlicher Jugendhilfe

Weiterhin stellt sich die Frage, ob § 1 Abs. 3 JWG überhaupt Voraussetzungen für das Eintreten von Jugendhilfe in dem Sinne aufstellt, daß Jugendhilfe *nur* dann gewährt werden darf, wenn und soweit der Erziehungs"anspruch" des Kindes nicht erfüllt wird[21]. So ausgelegt würde § 1 Abs. 3 JWG dem Tätigwerden der öffentlichen Jugendhilfe (auch) Grenzen setzen[22].

Möglicherweise will die Vorschrift aber auch nicht ausschließen, daß selbst Jugendlichen, deren Erziehungs"anspruch" voll und ganz bereits in der Familie erfüllt wird, Förderungen zuteil werden. In diesem Fall hätte § 1 Abs. 3 JWG nicht die Funktion einer Hilfebegrenzung, sondern müßte als Normierung einer „rechtlichen Mindestgarantie" zum Nutzen des Minderjährigen aufgefaßt werden, die im Hinblick auf Hilfen im Sinne der §§ 4 und 5 JWG keine Sperrwirkung entfaltet[23].

Welcher Auffassung der Vorzug zu geben ist, läßt sich anhand der gängigen Auslegungsmaximen untersuchen, wobei Wortlaut und Syste-

---

[20] So etwa *Krug*, JWG, Stand Mai 1984, § 1 Anm. 9.
[21] So *Krug*, JWG, Stand Mai 1984, § 1 Anm. 9; *Rode*, in: Bochumer Kommentar zum SGB AT, 1979, § 8 Rdn. 5 u. 13; BVerwGE 52, S. 214 (217 f.). Ebenso zu § 8 S. 2 SGB I *Schellhorn*, in: Burdenski/v. Maydell/Schellhorn, SGB AT, 2. Aufl. 1981, § 8 Rdn. 31.
[22] So BVerwGE 52, S. 214 (217/218).
[23] Diese Ansicht vertritt der *Deutsche Verein für öffentliche und private Fürsorge*, NDV 1967, S. 156, NDV 1976, S. 182 (183). Ebenso VG Arnsberg NDV 1977, S. 174. Wohl auch *Münder*, Urteilsanmerkung, DÖV 1978, S. 654 (656 f.). Dagegen BVerwGE 52, S. 214 (217); OVG Münster DÖV 1978, S. 653.

matik des Gesetzes für eine Begrenzung der Jugendhilfe durch § 1 Abs. 3 JWG sprechen. Aus verfassungsrechtlicher Sicht interessiert indessen, ob eine der Auslegungsmöglichkeiten — wenn ja, welche — mit dem Grundgesetz unvereinbar ist oder umgekehrt von Verfassungs wegen geboten ist.

b 1) Staatlich angeordnete Jugendhilfemaßnahmen

Für eine Begrenzung der Jugendhilfe spricht, daß Art. 6 Abs. 2 GG nach den obigen Ausführungen von einem Vorrang der Eltern bei der Erziehung ihrer Kinder ausgeht und dem Staat die Rolle eines bloßen Wächters zuweist, der nur dann in dieses „natürliche" Recht der Eltern einzugreifen hat, wenn die Eltern nicht erziehen, bzw. wenn ihr Verhalten dem Kind gegenüber nicht mehr als Erziehung i. S. d. Grundgesetzes angesehen werden kann. Art. 6 Abs. 2 GG gebietet daher, das Elternrecht beeinträchtigende Maßnahmen erst dann zuzulassen, wenn Eltern ihrer Erziehungsverantwortung nicht mehr gerecht werden. Dies gilt also auch für die Jugendhilfe, soweit mit ihr Beeinträchtigungen des elterlichen Erziehungsrechts verbunden sind. Das ist zumindest dort der Fall, wo das Jugendhilferecht Maßnahmen vorsieht, die gegen den Willen der Eltern kraft staatlichen Zwangs durchgesetzt werden können, wie die angeordnete Erziehungsbeistandschaft (§ 57 JWG) und die Fürsorgeerziehung (§ 64 JWG). Diese Formen öffentlicher Jugendhilfe dürfen daher nur unter der Voraussetzung gewährt werden, daß die Eltern sich außerhalb der dem Elternrecht gesetzten Grenzen bewegen, d. h. ihr Kind nicht bzw. nicht nach dem Menschenbild des Grundgesetzes erziehen, wenn also — um die Formulierung des § 1 Abs. 3 JWG aufzugreifen — der „Anspruch" des Kindes auf Erziehung von ihnen nicht erfüllt wird[24]. Bezogen auf die „eingreifende" Jugendhilfe wird § 1 Abs. 3 JWG dieser verfassungsrechtlichen Forderung daher (nur) gerecht, wenn man die Vorschrift als Jugendhilfebegrenzungsnorm auffaßt.

b 2) Die freiwillige Inanspruchnahme von Jugendhilfeleistungen

Fraglich ist indessen, ob diese Auslegung auch im Hinblick auf das weite Feld der „leistenden" Jugendhilfe geboten ist, im Hinblick auf die zahlreichen Förderungen und Hilfen also, die Jugendlichen und Erziehenden auf Antrag gewährt werden und von denen §§ 4 und 5 JWG nur einige Möglichkeiten exemplarisch nennen. Das wäre dann der Fall, wenn Art. 6 Abs. 2 GG nicht nur staatliche Zwangseingriffe von der Nichterfüllung elterlicher Pflichten abhängig machen würde, sondern Erziehungsunterlassen der Eltern auch dann voraussetzt, wenn der Ge-

---

[24] Ebenso *Hansmann*, Verfassungsrechtliche Schranken öffentlicher Jugendfürsorge, Diss. iur. Münster 1967, S. 29.

A. Verhältnis von Staat und Familie

setzgeber durch Leistungen und Vergünstigungen Einfluß auf die Kindesentwicklung nehmen will[25].

Allein aus der Freiwilligkeit der Inanspruchnahme solcher Leistungen zu folgern, die entsprechenden Angebote der Jugendhilfe seien von vornherein verfassungsrechtlich unproblematisch[26] und könnten insbesondere das verfassungsmäßige Elternrecht nicht beeinträchtigen oder verletzen, erscheint vor dem Hintergrund einer Rechtsprechung, die im grundrechtsrelevanten Bereich einer Unterscheidung von Eingriff und Leistung kaum noch Bedeutung zumißt, fragwürdig[27].

Andererseits bestehen aber Zweifel, ob zur Lösung dieses Problems die doch stark vereinfachende Formel des Bundesverwaltungsgerichts, „Hilfe" bedeute regelmäßig zugleich „Eingriff"[28], beiträgt. Auch die Begründung des Bundesverwaltungsgerichts läßt allenfalls einen Aspekt des Unbehagens auch gegenüber staatlichen Leistungen anklingen, nämlich daß „mit Leistungen in diesem Bereich (gemeint sind §§ 4 und 5 JWG — der Verf.) ... regelmäßig Überwachung einhergehen" muß[29], was zudem eine sicherlich nicht auf jede Jugendhilfeleistung zutreffende These ist. Zwar kann im Einzelfall wirksame Hilfe einen Überblick über die familiäre Situation erfordern (z. B. Erziehungsberatung) und damit Ausgangspunkt eines „Eingriffs" sein[30]; andere Hilfsangebote wie etwa politische Bildungsarbeit, Jugendfreizeiten oder Kindergartenbetreuung und weitere der in § 5 JWG genannten Veranstaltungen setzen eine „Überwachung" der familiären Erziehung indessen nicht voraus. Anders mag es bei den „notwendigen" Hilfen zur Erziehung sein, die gemäß § 6 Abs. 1 JWG „dem jeweiligen erzieherischen Bedarf entsprechend" im Rahmen der vom Jugendamt geschaffenen Einrichtungen „rechtzeitig und ausreichend" gewährt werden sollen. Hier kann das Jugendamt Feststellungen über den Bedarf, die Notwendigkeit und Rechtzeitigkeit der Hilfe nur anhand einer genaueren Überprüfung der familiären Erziehungsverhältnisse treffen, und es muß z. B. dann, wenn es um die Gewährung von wirtschaftlicher Hilfe zum Lebensunterhalt im Sinne des § 6 Abs. 2 JWG geht, auch über die vermögens- und unterhaltsrechtliche Stellung des Kindes informiert sein.

Unabhängig davon, ob einzelne Jugendhilfeleistungen mit Überprüfungen und „Überwachungen" einhergehen, läßt sich schwerlich be-

---

[25] So *Zuleeg*, FamRZ 1980, S. 210 (214). Vgl. aber auch *Wiesner*, ZRP 1979, S. 285 (287).
[26] So *Wiesner*, ZRP 1979, S. 285 (288 f.); *Horndasch*, Zum Wohle des Kindes, S. 64, 88, 90; *Stolleis*, Eltern- und Familienbildung als Aufgabe der Jugendhilfe, 1978, S. 44 f.
[27] Vgl. dazu oben S. 20.
[28] BVerwGE 52, S. 214 (217).
[29] BVerwGE 52, S. 214 (217).
[30] Vgl. auch *Horndasch*, Zum Wohle des Kindes, S. 252.

streiten, daß selbst „unverdächtig" erscheinende Förderungs- und Hilfsmaßnahmen der Jugendhilfe wie die Veranstaltung von Jugendfreizeiten, Bastelkursen oder Disco-Abenden in vom Jugendamt geleiteten Jugendbegegnungsstätten insofern Einwirkungen auf die familiäre Erziehung haben, als sie den Jugendlichen mit vom Elternhaus abweichenden Lebensanschauungen bekannt machen und so durch die elterliche Erziehung vermittelte Werte relativieren, negieren oder aber auch bestätigen können.

Der hieraus resultierenden Besorgnis, dergestalt könne elterliche Erziehung der ihr nach dem Grundgesetz gebührende Vorrang streitig gemacht werden, kann nicht mit dem Hinweis darauf begegnet werden, es liege im Interesse einer ordnungsgemäßen Erziehung und sei verantwortungsbewußten Eltern ohnehin selbstverständlich, das Kind mit anderen Lebensweisen zu konfrontieren und ihm die Auseinandersetzung mit ihnen zu ermöglichen. Sicherlich ist dieser Umgang mit anderen Menschen (Gleichaltrigen, Fremden usw.) wesentlicher Bestandteil einer Erziehung. Die Frage ist aber, ob dem Kind diese Anschauungen und Erfahrungen gerade durch *staatliche* Institutionen und Organisationen vermittelt werden dürfen.

b 3) Die Legitimation öffentlicher Jugendhilfeleistungen

Die Beantwortung dieser Frage hängt davon ab, ob die verfassungsrechtliche Grundlage der Jugendhilfe nur in dem staatlichen Wächteramt des Art. 6 Abs. 2 S. 2 GG zu sehen ist[31] oder ob dem Staat darüber hinaus eine anderweitige Legitimation zur Gewährung von erziehungsbeeinflussenden Leistungen zukommt. In Betracht kommen insoweit — wie oben bereits dargestellt[32] — insbesondere der Schutzauftrag des Staates gegenüber der Familie aus Art. 6 Abs. 1 GG sowie das Sozialstaatsprinzip[33].

Art. 6 Abs. 1 GG statuiert nicht nur negativ das Verbot für den Staat, die Familie zu schädigen, sondern positiv seine Aufgabe und Pflicht, die Einheit und Selbstverantwortlichkeit und den Zusammenhalt der Familie durch geeignete Maßnahmen zu fördern[34]. Angebote der Jugendhilfe zur „allgemeinen Förderung der Familienerziehung", wie sie von § 8 S. 2 SGB I vorgesehen werden, können daher auf der Grundlage von Art. 6 Abs. 1 GG ergehen. Soweit Jugendhilfe also die Erziehung des Kindes *in der Familie* fördert, ist sie durch Art. 6 Abs. 1 GG

---

[31] Vgl. hierzu *Wiesner,* ZRP 1979, S. 285 (287); *Schneider,* Die öffentliche Jugendhilfe zwischen Eingriff und Leistung, 1964, S. 235 f.; BT-Drucks. 8/4080, S. 3, 4.
[32] Siehe S. 18, 24.
[33] Vgl. auch *Wiesner,* ZRP 1979, S. 285 (287); *dens.,* ZBlJugR 1980, S. 455 (463).
[34] BVerfGE 6, S. 55 (76); 28, S. 104 (113); 40, S. 121 (132).

legitimiert. Beispiele hierfür sind etwa die Hilfen für Mutter und Kind gemäß § 5 Abs. 1 Nr. 2 JWG (Mütterberatung und Mütterentlastung z. B. durch vorschulische Erziehungseinrichtungen)[35], die zusätzlich in Art. 6 Abs. 4 GG eine Legitimationsgrundlage finden.

Mütterentlastung findet auch statt durch die Betreuung der Kinder in Kindergärten und Kindertagesstätten. Daß durch solche Einrichtungen Müttern oftmals die berufliche Tätigkeit außer Haus erst ermöglicht wird, mit der Folge, daß die innerfamiliäre Erziehung zurücktritt, bedeutet aber nicht notwendig eine Verletzung von Art. 6 Abs. 1 GG[36]. Art. 6 Abs. 1 GG verlangt zwar zunächst, solche Leistungen zu gewähren, die eine Erziehung *in der Familie* fördern. Indessen ist von Art. 6 Abs. 1 GG auch die Entscheidung der Frau geschützt, ob sie sich ausschließlich Kindern und Haushalt widmen oder einer Berufstätigkeit nachgehen oder beides miteinander vereinbaren will[37]. Diese Entscheidung wirklich frei zu treffen ist sie nur dann in der Lage, wenn geeignete Einrichtungen vorhanden sind, die stunden- oder tageweise die Betreuung des Kindes übernehmen. Hier den nötigen Ausgleich herbeizuführen zwischen der befürchteten „Vergesellschaftung der Erziehung" und dem Recht der Familie, ihre Privatsphäre in eigener Verantwortung zu gestalten, ist allerdings nicht allein Aufgabe der Jugendhilfe[38].

Darüber hinaus erfüllt öffentliche Jugendhilfe in Teilbereichen Verpflichtungen, die dem Staat durch das aus Art. 20 Abs. 1 GG folgende Sozialstaatsprinzip auferlegt sind. Das Sozialstaatsprinzip verpflichtet den Staat, für eine gerechte Sozialordnung zu sorgen[39], speziell den Gesetzgeber, die Rechtsordnung diesem Verfassungsgebot entsprechend auszugestalten[40]. Insofern enthält es Ermächtigung und Inpflichtnahme des Gesetzgebers zugleich[41]. Ihm obliegt es, darüber zu entscheiden, auf welche Weise dem Gebot sozialer Gerechtigkeit jeweils am ehesten entsprochen wird, wie das Sozialstaatsprinzip konkretisiert und verwirklicht wird[42]. Hierbei kommt ihm ein weiter Gestaltungsspielraum

---

[35] Vgl. *Rode,* in: Bochumer Kommentar zum SGB AT, 1979, § 8 Rdn. 11.
[36] In diese Richtung aber *Lecheler,* FamRZ 1979, S. 1 (6/7) für den Fall, daß der Staat „zu Lasten der Familien ... in großem Umfang Ganztagskinderkrippen zur Verfügung stellt".
[37] BVerfGE 6, S. 55 (81); 21, S. 329 (353).
[38] Vgl. auch *Wiesner,* ZRP 1979, S. 285 (288); *Assmann,* Formen und rechtliche Komponenten der Familienpolitik, 1974, S. 103.
[39] Vgl. BVerfGE 5, S. 85 (198); 22, S. 180 (204); 27, S. 253 (283); 35, S. 202 (235 f.); 59, S. 231 (263).
[40] *Benda,* NJW 1979, S. 1001 (1002).
[41] Vgl. *Scheuner,* Staatszielbestimmungen, in: Festschrift für Ernst Forsthoff, 1972, S. 325 (336/337); *Stern,* Das Staatsrecht der Bundesrepublik Deutschland, Bd. 1, 2. Aufl. 1984, § 21 I 4 d (S. 887), III 2 (S. 915).
[42] Vgl. *Benda,* NJW 1979, S. 1001 (1003); *W. Schreiber,* Das Sozialstaatsprin-

zu[43]. Bestimmte Angebote der Jugendhilfe fallen in den hierdurch dem Staat eröffneten Leistungsbereich, man denke etwa an Ferienlager für Kinder und Jugendliche, die mit ihren Eltern aus verschiedenen Gründen (geringes Einkommen, keine Zeit) keinen Erholungsurlaub verbringen können.

c) Die Gestaltungsfreiheit des Gesetzgebers

Fazit dieser Überlegungen ist, daß der Gesetzgeber nicht nur in Vollzug seines Wächteramts die Familie und die Erziehung betreffende Gesetze erlassen, sondern zum Schutze der Familie (Art. 6 Abs. 1 GG) und zur Verwirklichung des Sozialstaatsprinzips Leistungen der Jugendhilfe auch dann vorsehen darf, wenn eine den Anforderungen des Grundgesetzes an sich genügende Erziehung des Kindes durch die Eltern stattfindet. Eine andere Frage ist, ob der Staat seiner aus Art. 6 Abs. 1 GG und dem Sozialstaatsprinzip folgenden Verpflichtung gerade in Form von Jugendhilfeleistungen nachzukommen hat. Eine solche Verpflichtung wäre mit der dem Gesetzgeber zustehenden Gestaltungsfreiheit, die die konkrete Ausgestaltung solcher Leistungen in sein Ermessen stellt, nicht vereinbar.

Für die Auslegung des § 1 Abs. 3 JWG folgt daraus: Eine Auslegung dieser Vorschrift als rechtliche „Mindestgarantie", die ein Mehr an Jugendhilfeleistungen zuläßt, ist von Verfassungs wegen nicht gefordert. An der Wortlautauslegung, die nach dem oben Gesagten gegen eine Mindestgarantie und für eine Leistungsbegrenzung spricht[44], Korrekturen vorzunehmen, besteht daher keine Veranlassung.

Da es dem Gesetzgeber aber frei steht, ob er auf der Grundlage von Art. 6 Abs. 1 GG und dem Sozialstaatsprinzip staatliche Leistungen, die nicht an die Erfüllung des „Erziehungsanspruchs" durch die Eltern anknüpfen, im Jugendhilferecht oder aber in anderen benachbarten Rechtsmaterien verankert, unterläge eine Auslegung des § 1 Abs. 3 JWG als rechtlicher Mindestgarantie andererseits keinen verfassungsrechtlichen Bedenken. Daher ist auch § 8 S. 2 SGB I, der allgemeine Angebote zur Förderung der Jugend und der Familienerziehung in keinen Zusammenhang mit der familiären Erziehung des Kindes stellt, verfassungsrechtlich nicht zu beanstanden.

---

zip des Grundgesetzes in der Praxis der Rechtsprechung, 1972, S. 50 f.; *Erichsen*, Staatsrecht und Verfassungsgerichtsbarkeit I, 3. Aufl. 1982, S. 69. Zur Konkretisierung des Sozialstaatsprinzips durch Art. 6 Abs. 1 GG vgl. *Assmann*, Formen und rechtliche Komponenten der Familienpolitik, 1974, S. 28.

[43] BVerfGE 18, S. 257 (273); 29, S. 221 (235); 59, S. 231 (263). Vgl. auch *Assmann*, Formen und rechtliche Komponenten der Familienpolitik, 1974, S. 80.

[44] Vgl. S. 97 f.

3. Das Eintreten öffentlicher Jugendhilfe bei der Erziehung des Kindes durch nahe Verwandte

a) Abweichung des § 8 S. 2 SGB I von § 1 Abs. 3 JWG

Zwischen § 1 Abs. 3 JWG und § 8 S. 2 SGB I besteht neben den bereits dargestellten textlichen Differenzen ein weiterer wesentlicher Unterschied. § 8 S. 2 SGB I geht von der Nachrangigkeit der Jugendhilfe gegenüber der Erziehung durch die „Eltern" aus, während § 1 Abs. 3 JWG auf das Verhältnis von öffentlicher Jugendhilfe zur Erziehung durch die „Familie" abstellt. Ob der Abweichung im Wortlaut auch ein Bedeutungsunterschied korrespondiert, ist allerdings zweifelhaft, da der Begriff „Familie" nicht einheitlich verwendet und verschiedentlich als Gemeinschaft von Kind und Eltern interpretiert wird (sog. Kleinfamilie), so daß aus der Sicht des Kindes „Familie" nur die Eltern sind. So besteht z. B. Einigkeit, daß der Schutz des Art. 6 Abs. 1 GG sich nur auf die Familie als Kleinfamilie bezieht[45].

Demgegenüber erwähnt § 1 Abs. 2 JWG ausdrücklich das Recht und die Pflicht der „Eltern" zur Erziehung und grenzt sich dadurch von der in Abs. 3 erwähnten Familie ab. Diese Differenzierung zwischen Personensorgeberechtigten (also in der Regel den Eltern) und der Familie wird in § 3 JWG und in weiteren Vorschriften des JWG fortgeführt[46]. Die Systematik spricht also gegen eine synonyme Verwendung der Begriffe „Familie" und „Eltern" im JWG. Zur „Familie" i. S. d. § 1 Abs. 3 JWG würden demzufolge neben den Eltern weitere Verwandte zählen. Nach Ansicht der Rechtsprechung gehören dazu jedenfalls die Verwandten bis zum dritten Grade, also etwa auch die Großeltern[47] und die Tanten[48]. Andererseits ist der auf die Erfüllung des Erziehungs- „anspruchs" durch die Eltern abstellende § 8 S. 2 SGB I gemäß § 2 Abs. 2 SGB I Richtlinie bei der Auslegung des SGB und damit auch des JWG, das — wie oben ausgeführt[49] — als besonderer Teil des SGB gilt. Erkennt man den Begriff „Familie" als nicht eindeutig definierbaren und daher auslegungsbedürftigen Rechtsbegriff an, so erscheint es jedenfalls nicht ausgeschlossen, insoweit § 1 Abs. 3 JWG sinngemäß an § 8 S. 2 SGB I anzugleichen, d. h. „Familie" und „Eltern" gleichzusetzen[50].

---
[45] Siehe die Nachw. oben, S. 24 Fn. 45.
[46] Vgl. dazu BVerwGE 52, S. 214 (219).
[47] Vgl. BVerwGE 52, S. 214 (218 ff.).
[48] Vgl. OVG Münster DÖV 1978, S. 653. Für einen weiten Familienbegriff auch *Friedeberg/Polligkeit/Giese*, JWG, 3. Aufl. 1972, § 1 Anm. 8 c.
[49] Siehe S. 13.
[50] Zweifelhaft daher BVerwGE 52, S. 214 (220), wo die entgegengesetzte Auffassung auf der kritiklosen Übernahme der Ansicht *Schellhorns*, in: Bur-

b) Der Vorrang der Familie i. w. S. als mögliches Verfassungsgebot

b 1) Auslegung am Maßstab des Art. 6 Abs. 1 GG

Angesichts dieser Meinungsverschiedenheiten bei der Auslegung des Familienbegriffs des JWG liegt die Frage nahe, ob das Grundgesetz gebietet, der Familie im weiteren Sinne (i. w. S.) Vorrang vor staatlicher Einwirkung auf die Kindeserziehung einzuräumen. Da Art. 6 Abs. 2 GG lediglich das Verhältnis Eltern-Staat betrifft, läßt sich dieser Norm nichts über einen etwaigen Vorrang der Familie i. w. S. entnehmen. In Betracht kommt vom Wortlaut her nur Art. 6 Abs. 1 GG. Indessen besteht — wie bereits dargelegt — in der juristischen Diskussion Einigkeit, daß der hier dem Staat zur Aufgabe gemachte besondere Schutz nur der Familie als Kleinfamilie gebührt, also die Verwandten dritten Grades schon nicht mehr umfaßt[51].

b 2) Subsidiaritätsprinzip und Übermaßverbot als Auslegungsmaximen

Ein verfassungsrechtlicher Vorrang der Familie i. w. S. bei der Erziehung könnte sich daher allenfalls aus einem allgemeinen Subsidiaritätsprinzip ergeben, das von der grundsätzlichen Nachrangigkeit staatlicher gegenüber gesellschaftlicher Aufgabenerledigung ausgeht. Dies setzt allerdings voraus, daß ein solches mit Verfassungsrang ausgestattetes allgemeines Subsidiaritätsprinzip anzuerkennen ist[52]. Das Grundgesetz bekennt sich indes nur vereinzelt ausdrücklich zur Subsidiarität staatlichen Eintretens gegenüber gesellschaftlicher Aufgabenwahrnehmung, etwa in Art. 6 Abs. 2 S. 1 GG („zuvörderst")[53]. Der Schluß von nur singulären verfassungsrechtlichen Ausprägungen des Subsidiaritätsgedankens auf ein das Grundgesetz durchgängig beherrschendes allgemeines Subsidiaritätsprinzip dürfte daher nicht überzeugen[54].

---

denski/v. Maydell/Schellhorn, SGB-AT, 2. Aufl. 1981, § 8 Rdn. 33, beruht; wie das BVerwG auch OVG Münster DÖV 1978, S. 653 f. Dagegen wie hier etwa *Münder*, ZBlJugR 1978, S. 29 (35); *P. Zöller*, FamRZ 1978, S. 4 (5); wohl auch *Mrozynski*, Jugendhilfe und Jugendstrafrecht, 1980, S. 108.

[51] Vgl. die Nachweise oben S. 24 Fn. 45.

[52] Streitig, vgl. insoweit *Dürig*, JZ 1953, S. 193 (198); *Zuck*, Subsidiarität und Grundgesetz, 1968, S. 50 ff.; *Isensee*, Subsidiaritätsprinzip und Verfassungsrecht, 1968, S. 106 f.; *Schmidt-Jortzig/Schink*, Subsidiaritätsprinzip und Kommunalordnung, 1982, S. 7 ff.

[53] Vgl. BVerfGE 10, S. 59 (83). Auch Art. 6 Abs. 1 GG wird z. T. als Ausdruck des Subsidiaritätsgedankens angesehen, etwa von *E. Scheffler*, in: Bettermann/Nipperdey/Scheuner, Die Grundrechte, IV/1, 1960, S. 245 (256). Vgl. auch *Häberle*, Verfassungsschutz der Familie — Familienpolitik im Verfassungsstaat, 1984, S. 31; *Assmann*, Formen und rechtliche Komponenten der Familienpolitik, 1974, S. 48.

[54] Vgl. auch *Erichsen*, DVBl. 1983, S. 289 (296).

Das Bundesverfassungsgericht hat sich zur generellen Geltung des Subsidiaritätsprinzips nicht ausdrücklich bekannt[55]; es hat aber andererseits für das Verhältnis Staat-Gemeinde aus dem Übermaßverbot, speziell dem Grundsatz der Erforderlichkeit, den Vorrang freiwilliger Koordination gegenüber hoheitlichem Zwangseingriff durch Gesetz hergeleitet[56]. Da das Übermaßverbot dem Grundrechtsschutz dient, könnte dieser Vorrang von (gesellschaftlichen) Selbstregelungsmechanismen auch für das Verhältnis Staat-Bürger gelten[57], insbesondere könnte das Prinzip der Erforderlichkeit auf das Verhältnis der familiären Erziehung zu Jugendhilfeleistungen anzuwenden sein. Dabei ist nicht zu verkennen, daß auf diese Weise die Geltung des Subsidiaritätsprinzips mit Hilfe einer anderen Argumentationsfigur, des Grundsatzes der Erforderlichkeit, doch in die Verfassung eingeführt würde, ein Ergebnis, das obigen Überlegungen widerspricht. Die Heranziehung des Übermaßverbots zur Gestaltung eines Vorrangs gesellschaftlicher vor staatlicher Aufgabenwahrnehmung erscheint auch insofern fraglich, als der Grundsatz der Erforderlichkeit bislang in der Regel als Normierung der Auswahl unter mehreren *hoheitlichen* Maßnahmen verstanden, also auf die Frage des „Wie" des staatlichen Handelns beschränkt wurde, wie auch die synonyme Verwendung des Begriffs *„Interventionsminimum"* zeigt. Von der Erstreckung des Übermaßverbots auf das „Ob" staatlicher Tätigkeit wird dabei nicht ausgegangen. Dem Grundgesetz ist demzufolge die Subsidiarität staatlichen Wirkens gegenüber der Familie i. w. S. nicht zu entnehmen.

c) *Der Vorrang der Familie i. w. S. als möglicher Verfassungsverstoß*

Eine andere Frage ist es, ob die Verfassung umgekehrt dem Gesetzgeber verbietet, durch eine Norm wie § 1 Abs. 3 JWG der Familie i. w. S. den Vorrang vor dem Staat und seinen Einrichtungen zuzuweisen. Hier fragt es sich, ob der Staat nicht jedenfalls bereits dann in die Pflicht genommen, d. h. zur Bereitstellung von Jugendhilfe verpflichtet ist, wenn die Eltern ihrer Erziehungsverantwortung gegenüber dem Kind nicht nachkommen, ohne daß es darauf ankäme, ob die Erziehung stattdessen durch andere Verwandte erfolgt. Muß Jugendhilfe also erst dann eingreifen, wenn eine Erziehung des Kindes gar nicht stattfindet,

---

[55] Vgl. BVerfGE 10, S. 59 (83); 22, S. 180 (200 ff.).

[56] BVerfGE 26, S. 228 (239). Vgl. dazu *Menger/Erichsen*, VerwArch Bd. 61 (1970), S. 274 (276).

[57] So im Ergebnis *Hoffmann-Becking*, Die Begrenzung der wirtschaftlichen Betätigung der öffentlichen Hand durch Subsidiaritätsprinzip und Übermaßverbot, in: Fortschritte des Verwaltungsrechts, Festschrift für Hans J. Wolff zum 75. Geburtstag, 1973, S. 445 (452).

also auch kein Verwandter dazu bereit ist, oder bereits dann, wenn nur die Eltern das Kind vernachlässigen?

c 1) Die Vereinbarkeit mit dem staatlichen Wächteramt

Erziehung im Sinne des Grundgesetzes ist zwar in erster Linie elterliche Erziehung. Fallen die Eltern jedoch bei der Erziehung aus und erfüllen sie die ihnen durch die Erziehungsverantwortung übertragenen Aufgaben nicht, ist der Staat auf den Plan gerufen. Er hat nunmehr dafür zu sorgen, daß das Kind eine Erziehung erhält. Das bedeutet aber nicht notwendigerweise, der Staat müsse diese Pflicht zur Sicherstellung der Kindeserziehung durch Gewährung von Jugendhilfe erfüllen. Die Wahl der Mittel und Maßnahmen zur Erreichung dieses Zieles steht vielmehr in seinem gesetzgeberischen Ermessen.

Sieht sich der Staat einer Konstellation gegenübergestellt, in der Verwandte des Kindes freiwillig anstelle der Eltern dessen Erziehung übernehmen, so beschränkt sich seine verfassungsrechtliche Pflicht darauf, zu überprüfen, ob diese Erziehung den Anforderungen der Verfassung, d. h. dem Wohl des Kindes entspricht. Ist das der Fall, so besteht für eine weitergehende Sorge keine Veranlassung, da auch staatliche Jugendhilfe nicht mehr erreichen könnte. Ist aus der Sicht des Staates also gewährleistet, daß das Kind z. B. von den Großeltern ordnungsgemäß erzogen wird, so ist die vom Staat vorgenommene Wertung, Jugendhilfe sei nicht erforderlich und deshalb nicht zu gewähren, nicht zu beanstanden. Insofern begegnet es keinen Bedenken, daß sich gemäß § 1 Abs. 3 JWG der Eintritt öffentlicher Jugendhilfe danach richtet, ob eine Erziehung des Kindes durch die Familie i. w. S. erfolgt, der Familie i. w. S. also ein faktischer Vorrang vor dem Staat eingeräumt wird. Der Staat *kann* diese Vorrangregelung treffen, nicht aber ist er — wie ausgeführt — etwa aufgrund des Übermaßverbots dazu verpflichtet. Es stellt sich indessen die Frage, wie diese Entscheidung des Gesetzgebers damit zu vereinbaren ist, daß andererseits die Institution der sog. Familienpflege (§§ 27 ff. JWG) förmlich unter staatlichen Schutz gestellt ist und das Pflegekind i. S. d. JWG ohne weiteres Leistungen und Hilfen nach dem JWG erhält. Während die Erziehung durch Verwandte und Verschwägerte bis zum dritten Grade gemäß § 27 Abs. 2 Nr. 2 JWG nicht als Familienpflege gilt[58], führt die Erziehung durch weiter entfernte Verwandte oder durch Fremde zum Eintritt der Jugendhilfe. Die Institution „Familienpflege" als solche stellt öffentliche Jugendhilfe dar. Schon die Aufnahme des Pflegekindes bedarf der Erlaubnis des Jugend-

---

[58] Daraus schließt das BVerwG auf einen weiten Familienbegriff i. S. d. § 1 Abs. 3 JWG, E 52, S. 214 (217); dagegen zu Recht *Mrozynski*, Jugendhilfe und Jugendstrafrecht, 1980, S. 107.

amts (§ 28 JWG); das Pflegekind untersteht der Aufsicht des Jugendamts, welches sich um sein leibliches, geistiges und seelisches Wohl zu kümmern hat (§ 31 Abs. 1 JWG). Daneben stehen — und das ist das Wesentliche — dem Pflegekind alle weiteren Angebote der öffentlichen Jugendhilfe zur Verfügung, insbesondere die Hilfen zur Erziehung gemäß § 6 Abs. 1 JWG und damit auch der notwendige Lebensunterhalt, das sog. „Pflegegeld" gemäß § 6 Abs. 2 JWG.

c 2) Die Vereinbarkeit mit dem allgemeinen Gleichheitssatz

Ausgehend von den voranstehenden Überlegungen zur Erforderlichkeit staatlicher Einwirkung im Falle der Erziehung durch die Familie i. w. S. ist die Frage berechtigt, aus welchem Grunde der Gesetzgeber öffentliche Jugendhilfe bei der Erziehung durch Verwandte bis zum dritten Grad als nicht erforderlich ansieht, indessen die Erforderlichkeit von Jugendhilfe bei der Erziehung durch entferntere Verwandte oder Fremde offensichtlich bejaht. Hier scheint auf den ersten Blick ein Systembruch, bzw. ein Verstoß gegen den allgemeinen Gleichheitssatz vorzuliegen, wenn man sich vergegenwärtigt, daß erziehenden Großeltern, Tanten und Onkeln ein Anspruch auf „Pflegegeld" (des Kindes) nicht zugutekommt, sondern sie allenfalls auf die Geltendmachung eines (ebenfalls dem Kind zustehenden) Sozialhilfeanspruchs angewiesen sind[59]. Es ist allerdings denkbar, daß der Gesetzgeber der Erziehung durch Großeltern und andere nahe Verwandte von vornherein eine andere, bessere Qualität beigemessen hat als der Erziehung durch Außenstehende oder entfernte Verwandte. Hier mag auch der Mythos der „engen Blutsverwandtschaft" als Kriterium und damit als vernünftiger Grund für die „Ungleichbehandlung" eine Rolle gespielt haben.

4. Zusammenfassung

Zusammenfasend ergibt sich aus § 1 Abs. 3 JWG also, daß Maßnahmen des Jugendhilferechts zu unterbleiben haben, soweit der „Anspruch" des Kindes auf Erziehung von der Familie erfüllt wird. Öffentliche Jugendhilfe ist demgemäß gegenüber familiärer Erziehung nachrangig[60].

Unabhängig von der streitigen Einordnung des in § 1 Abs. 1 und Abs. 3 JWG hervorgehobenen „Anspruchs" des Kindes auf Erziehung als subjektives öffentliches Recht oder bloßer Programmsatz[61] wird

---
[59] Vgl. dazu BVerwGE 52, S. 214 (222 ff.); auch OVG Münster DÖV 1978, S. 653 (654).
[60] Vgl. BVerwGE 52, S. 214 (217); *Gitter*, Sozialrecht, 1981, S. 231; *Krug*, JWG, Stand Mai 1984, § 1 Anm. 7.
[61] Vgl. oben S. 93.

durch diese Vorschrift sowohl dem verfassungsrechtlichen Vorrang des Elternrechts gegenüber staatlicher Einwirkung auf die Kindeserziehung als auch dem Schutzauftrag des Staates gegenüber der Familie Rechnung getragen. Findet eine verantwortungsbewußte Erziehung des Kindes durch die Familie statt, wird also der „Anspruch" des Kindes erfüllt[62], so ist ein Eingriff des Staates nach den obigen Ausführungen unzulässig; erziehen die Eltern das Kind demgegenüber nicht und wird der „Anspruch" des Kindes insofern nicht erfüllt, darf der Staat in den familieninternen Bereich eingreifen und dabei das Elternrecht zum Schutz des Kindes beschränken. § 1 Abs. 3 JWG umschreibt damit das Verhältnis von Elternrecht und Jugendhilfe, wie es sich aus der Verfassung ergibt.

Dem Vorrang elterlicher Erziehung wird weiterhin in § 3 JWG Rechnung getragen. Danach soll die öffentliche Jugendhilfe die in der Familie begonnene Erziehung unterstützen und ergänzen (Abs. 1 S. 1) und die von den Personensorgeberechtigten bestimmte Grundrichtung der Erziehung beachten (Abs. 1 S. 2). Auch soll ihren Wünschen bei der Gestaltung der einzelnen Maßnahme so weit als möglich entsprochen werden (Abs. 2) und ist stets eine Zusammenarbeit mit ihnen anzustreben (Abs. 3). Solange also nicht besondere, atypische Umstände vorliegen (Beispiel: das Wohl des Kindes würde gefährdet — vgl. § 3 Abs. 1 S. 2 a. E.), „muß" der Träger der öffentlichen Jugendhilfe diese Vorgaben beachten[63].

B. Das Verhältnis von staatlichen und freien Trägern der Jugendhilfe

In den bisherigen Ausführungen ist nur von den Einwirkungen *öffentlicher* Jugendhilfe auf die Kindeserziehung die Rede gewesen. Darunter fällt lediglich die durch staatliche Träger von staatlichen Organen — Jugendamt, Landesjugendamt — gewährte Jugendhilfe (§ 2 JWG). Darüber darf nicht vergessen werden, daß ein wesentlicher Anteil an Jugendhilfeeinrichtungen, -veranstaltungen und -leistungen, nämlich die in § 5 Abs. 1 JWG (exemplarisch) genannten, von den Trägern der freien Jugendhilfe wahrgenommen wird, den sog. freien Trägern. Welche Verbände und Vereinigungen zu den freien Trägern zählen, ist in § 5 Abs. 4 JWG aufgeführt (Beispiele: die Kirchen, der Caritas-Verband, das Deutsche Rote Kreuz, die Innere Mission, die Arbeiterwohlfahrt, das Jugendherbergswerk).

---

[62] Vgl. dazu oben S. 94 f.
[63] Vgl. *Krug*, JWG, Stand Mai 1984, § 3 Anm. 10 m. w. Nachw.

B. Verhältnis von staatlichen und freien Trägern der Jugendhilfe

Die Frage nach dem Verhältnis von freien Trägern und öffentlicher Verwaltung in der Jugendhilfe stellt sich für den klassischen Eingriffsbereich kaum, da die für den zwangsweise ergehenden Eingriff erforderliche Hoheitsgewalt des Staates von ihm allenfalls im Wege der Beleihung übertragen werden darf. Die Träger der freien Jugendhilfe sind nicht beliehene Träger öffentlicher Verwaltung, sondern privatrechtliche Vereinigungen. Die Frage stellt sich indes mit Nachdruck für die leistende Jugendhilfe.

Die für das Verhältnis der freien zur öffentlichen Jugendhilfe maßgeblichen Bestimmungen finden sich in § 5 Abs. 3 S. 2 und 3 JWG. Danach hat der Staat (das Jugendamt) von eigenen Einrichtungen und Veranstaltungen abzusehen, soweit geeignete Einrichtungen und Veranstaltungen der Träger der freien Jugendhilfe vorhanden sind, erweitert oder geschaffen werden. Wenn die Eltern die vorhandenen Träger der freien Jugendhilfe allerdings nicht in Anspruch nehmen wollen, weil diese der von ihnen bestimmten Grundrichtung der Erziehung (§ 3 JWG) etwa in konfessioneller Hinsicht nicht entsprechen, muß das Jugendamt für die Schaffung der erforderlichen staatlichen Einrichtungen sorgen.

Dieser prinzipielle Vorrang zugunsten der freien Träger wirft einige verfassungsrechtliche Probleme auf, mit denen sich teils auch das Bundesverfassungsgericht zu befassen hatte[64].

Interessieren soll an dieser Stelle lediglich die Frage, ob und inwieweit der zur Sicherstellung der Erziehung und des Wohls des Kindes in Pflicht genommene Staat sich dadurch (zumindest teilweise) aus der Verantwortung ziehen kann, daß er bestimmten gesellschaftlichen Kräften[65], die in Erfüllung eigener Aufgaben in der Jugendarbeit tätig sind, einen Vorrang bei der Gewährung von Jugendhilfe einräumt. Das Bundesverfassungsgericht hat hierzu ausgeführt, die Jugendhilfe sei zwar eine Aufgabe des Staates; da der Staat diese Hilfe aber weder organisatorisch noch finanziell in ausreichendem Maße allein leisten könne, bedürfe es der hergebrachten und durch Jahrzehnte bewährten Zusammenarbeit von Staat und freien Jugend- und Wohlfahrtsorganisationen[66]. So vernünftig dieser Gesichtspunkt auch erscheint, vermag er dennoch das Problem der Zulässigkeit der Aufgabenentledigung nicht zu lösen. Indessen ergibt sich bei genauerer Betrachtung des Gesetzeswortlautes, daß § 5 JWG dem Staat (in Gestalt des Jugendamtes) nicht jegliche Aufgabenwahrnehmung entzieht, sondern ihm eine Art

---

[64] BVerfGE 22, S. 180 (200—203).

[65] Die Träger der freien Jugendhilfe sind nicht beliehene Träger öffentlicher Verwaltung, sondern privatrechtliche Vereinigungen.

[66] BVerfGE 22, S. 180 (200). Gleiches gilt für die Sozialhilfe, vgl. BVerfGE ebd.

Aufsichts- und Verteilerfunktion beimißt, die im wesentlichen darin besteht, zu prüfen, welche Einrichtungen und Veranstaltungen für die Wohlfahrt der Jugend „erforderlich" sind (§ 5 Abs. 1, Abs. 3 S. 1 JWG), ob sie „ausreichend" zur Verfügung stehen (§ 5 Abs. 3 S. 1 JWG) und ob sie „geeignet" sind (§ 5 Abs. 3 S. 2 JWG)[67].

Dieses Prüfungsrecht des Jugendamtes, das zugleich Prüfungspflicht ist, stellt sicher, daß die Gesamtverantwortung für die Jugendhilfe nach wie vor beim staatlichen Jugendhilfeträger verbleibt[68]. Hält das Jugendamt Einrichtungen und Veranstaltungen der freien Jugendhilfe für ausreichend und geeignet und verzichtet dementsprechend auf eigene, so stellt dies keine „Flucht" aus der dem Staat auferlegten Verantwortung dar, sondern verlagert die Verantwortlichkeit lediglich auf eine andere Ebene.

Hinzu kommt, daß die Ausgestaltung des Jugendhilferechts im Ermessen des Gesetzgebers liegt. Die Grundrechte und das Sozialstaatsprinzip bestimmen nur das „Was", das Ziel; sie lassen dem Gesetzgeber für das „Wie" im Rahmen seines pflichtgemäßen Ermessens alle Wege offen[69]. Ist dieser der Auffassung, die ihm durch die Verfassung vorgegebenen Ziele im Bereich der Kindeserziehung wirtschaftlich sinnvoll nur durch Zusammenarbeit mit freien Trägern erreichen zu können, so ist gegen diese Wertung grundsätzlich nichts einzuwenden. Der Gesetzgeber könnte im Gegenteil ermessensfehlerhaft handeln, würde er diese bewährte Zusammenarbeit aufgeben und stattdessen ausschließlich behördliche Maßnahmen vorsehen. Insofern ist der Vorrang der freien Träger gemäß § 5 Abs. 3 S. 2 JWG verfassungsrechtlich nicht zu beanstanden.

Ob er darüber hinaus verfassungsrechtlich geboten ist, ist fraglich. Verneint man den Verfassungsrang des Subsidiaritätsprinzips und wendet auch das Prinzip der Erforderlichkeit als Komponente des Übermaßverbots nicht bei der Frage der Erforderlichkeit staatlicher Regelungen gegenüber gesellschaftlichen Selbstregelungsmechanismen an[70], so kann sich ein Gebot der Vorrangigkeit freier Träger allenfalls aus deren eigenen (subjektiven) Rechten ergeben.

Kirchen und Religionsgemeinschaften stehen unter dem Schutz des Art. 137 WRV i. V. m. Art. 140 GG, andere Träger der freien Jugendhilfe werden durch Art. 9 Abs. 1 GG geschützt. Einen Schutz ihrer Betätigung auf dem Gebiet der Jugendhilfe im Sinne eines „Konkurrenzschutzes" gegen staatliche Betätigung in denselben Bereichen oder im

---

[67] BVerfGE 22, S. 180 (201).
[68] Vgl. BVerfGE 22, S. 180 (201 f.).
[69] Vgl. BVerfGE 22, S. 180 (204).
[70] Siehe oben S. 105.

Sinne eines „Bestandsschutzes" der Wahrnehmung von Jugendhilfeaufgaben gewähren diese Vorschriften allerdings nicht, selbst wenn Jugendhilfe gerade das spezifische Tätigkeitsfeld der jeweiligen Vereinigung darstellt[71]. Geschützt wird vielmehr nur die Freiheit zur Bildung der Vereinigung bzw. Religionsgesellschaft und die Selbstbestimmung über ihre innere Organisation sowie der „Kernbereich" ihrer Tätigkeit als Personenzusammenschluß[72]. Es steht daher auch in der Gestaltungsfreiheit des Gesetzgebers, ob er den Vorrang der freien Träger der Jugendhilfe beibehält, da seiner Abschaffung keine verfassungsmäßigen Rechte der freien Träger entgegenstehen.

C. Möglichkeiten der zwangsweisen Durchsetzung von Jugendhilfemaßnahmen

1. Die vormundschaftsgerichtlich angeordnete Bestellung eines Erziehungsbeistands gemäß § 57 JWG

Ist die leibliche, geistige oder seelische Entwicklung eines Minderjährigen gefährdet, so ist gemäß § 55 JWG ein Erziehungsbeistand zu bestellen, wenn dies zur Abwendung der Gefahr oder zur Beseitigung des Schadens geboten und ausreichend erscheint. Die Bestellung erfolgt regelmäßig auf Antrag der Personensorgeberechtigten (also in der Regel der Eltern) durch das Jugendamt (§ 56 Abs. 1 JWG). Verweigern die Eltern die Stellung dieses Antrags jedoch, so darf das Jugendamt nicht von Amts wegen den Erziehungsbeistand bestellen. In diesem Fall bedarf es gemäß § 57 Abs. 1 S. 1 JWG einer vormundschaftsgerichtlichen Anordnung der Bestellung, die sodann vom Jugendamt durchgeführt wird. § 57 Abs. 1 S. 1 JWG ermöglicht es also dem Staat, sich über den entgegenstehenden Willen der Eltern hinwegzusetzen, bzw., falls die Eltern keinen Willensentschluß gefaßt haben, die elterliche Entscheidung zu ersetzen. Die Bestellung eines Erziehungsbeistands kann darüber hinaus gemäß §§ 5 Abs. 2, 9 Nr. 2, 12 JGG im Jugendstrafverfahren als Erziehungsmaßregel durch Urteil des Jugendrichters angeordnet werden. Auch hier richten sich gemäß § 12 S. 1 JGG die Voraussetzungen nach § 55 JWG[73]. Der Jugendrichter kann aber die Entscheidung gemäß § 53 JGG dem Vormundschaftsgericht überlassen.

Aufgabe des Erziehungsbeistands ist es, die Personensorgeberechtigten bei der Erziehung des Kindes zu unterstützen und diesem mit Rat

---
[71] *Zuleeg*, FamRZ 1980, S. 210 (215).
[72] Für die Religionsgesellschaften folgt das Recht auf Selbstverwaltung aus Art. 137 Abs. 3 S. 1 WRV. Für die Vereinigungen i. S. d. Art. 9 Abs. 1 GG vgl. BVerfGE 30, S. 227 (241).
[73] Vgl. dazu *Potrykus*, JWG, 2. Aufl. 1972, § 57 Anm. 14.

und Hilfe zur Seite zu stehen und ihn insbesondere bei der Verwendung seines Arbeitsverdienstes zu beraten (§ 58 Abs. 1 S. 1 und 2 JWG). Weiterhin hat der Erziehungsbeistand dem Vormundschaftsgericht und dem Jugendamt zu berichten und jeden Umstand unverzüglich mitzuteilen, der Anlaß für weitere Erziehungsmaßnahmen geben könnte (§ 58 Abs. 2 JWG). Außerdem steht ihm gemäß § 59 JWG ein Auskunftsrecht gegenüber den Personensorgeberechtigten, dem Arbeitgeber, Lehrern und anderen Personen zu.

Dem Erziehungsbeistand ist somit eine bloße Beratungs- und Unterstützungsfunktion zugewiesen. Hingegen hat er keine rechtliche Möglichkeit, seine Vorschläge und Auffassungen direkt gegenüber den Eltern oder dem Kind durchzusetzen; bei Meinungsverschiedenheiten geht vielmehr die Ansicht der Eltern vor[74].

Zu berücksichtigen ist aber, daß die Hilfe des Erziehungsbeistands im Falle der angeordneten Bestellung von den Eltern nicht gewünscht ist, es sich also allenfalls um eine „aufgedrängte Leistung" handelt. Dieser kommt allein deswegen Eingriffscharakter zu, weil sie nicht auf freiwilliger Inanspruchnahme beruht, sondern auf vormundschaftsgerichtlicher, also staatlicher Anordnung[75]. In der Praxis ist man sich daher weitgehend einig, daß die zwangsweise Anordnung von Erziehungsbeistandschaft in der Regel zu einem „Gegeneinander" von Erziehungsbeistand und Eltern führt, welches dem Wohl des Kindes gerade nicht dient und daher keinen Erfolg verspricht[76]. Ob daraus die Ungeeignetheit dieser Maßnahme und der zu ihr ermächtigenden Regelung des § 57 JWG folgt, mit der Konsequenz eines Verstoßes gegen das Übermaßverbot[77], kann an dieser Stelle nur als Frage aufgeworfen werden. Ihre Beantwortung hängt davon ab, ob die in der Praxis gewonnenen Erkenntnisse als gesichert gelten können.

Die Anordnung der Bestellung eines Erziehungsbeistands greift weiterhin insofern in das elterliche Erziehungsrecht ein, als sie die gesamte Familie unter staatliche Aufsicht stellt. Dies gilt unabhängig davon, ob der Erziehungsbeistand im Einzelfall eine Privatperson oder ein hauptamtlich bestellter Mitarbeiter des Jugendamts ist[78], denn die Mitteilungspflicht des Erziehungsbeistands gegenüber dem Vormundschaftsgericht (§ 58 Abs. 2 JWG) gewährleistet, daß der Staat in jedem Falle

---

[74] Vgl. *Potrykus*, JWG, 2. Aufl. 1972, § 58 Anm. 4; *Friedeberg/Polligkeit/Giese*, JWG, 3. Aufl. 1972, § 58 Anm. 2.
[75] Vgl. *Ossenbühl*, Das elterliche Erziehungsrecht, S. 92.
[76] Vgl. dazu etwa *Horndasch*, Zum Wohle des Kindes, S. 257, 300 f.
[77] So *Horndasch*, Zum Wohle des Kindes, S. 410.
[78] Vgl. zur Auswahl der Erziehungsbeistände *Potrykus*, JWG, 2. Aufl. 1972, § 56 Anm. 5.

über die familiäre Situation informiert ist, wenn diese Anlaß zu weiterreichenden staatlichen Erziehungsmaßnahmen (§ 58 Abs. 2 S. 2 a. E. JWG) gibt. Dies kann insbesondere dann der Fall sein, wenn die Erziehungsbeistandschaft nach der Einschätzung des Erziehungsbeistands keinen Erfolg verspricht, weil die Eltern sich etwa seinen Ratschlägen verschließen, ihre eigenen Erziehungsvorstellungen nicht aufgeben und zur Zusammenarbeit mit ihm nicht bereit sind[79]. Wollen die Eltern also schwerwiegende Eingriffe vermeiden, sind sie faktisch gezwungen, sich kooperationsbereit zu zeigen und sich der Auffassung des Erziehungsbeistands unterzuordnen[80].

Ungeachtet dessen liegt eine Beeinträchtigung des elterlichen Erziehungsrechts bereits in der dauernden Beeinflussung des Kindes und der Einwirkung auf familiäre Entscheidungsprozesse, die Eltern und Kind ständiger Beratung, Belehrung und Ermahnung aussetzen. Die dem Erziehungsbeistand gemäß § 58 Abs. 1 S. 3 JWG verliehene Befugnis, sich notfalls sogar gegen den Willen der Eltern Zutritt zum Minderjährigen zu verschaffen, stellt eine nachhaltige Beeinträchtigung des Rechts der Eltern dar, den Umgang ihres Kindes zu bestimmen (§ 1632 Abs. 2 BGB).

§ 57 JWG knüpft durch seine Bezugnahmen auf §§ 55 und 56 JWG die vormundschaftsgerichtlich angeordnete Bestellung des Erziehungsbeistands an das Vorliegen von zwei Voraussetzungen: zum einen muß eine Gefährdung oder Schädigung der leiblichen, geistigen oder seelischen Entwicklung des Minderjährigen vorliegen; zum anderen dürfen die Eltern nicht von sich aus einen Antrag auf Bestellung eines Erziehungsbeistands beim Jugendamt gestellt haben. Auf die Ursächlichkeit der Gefährdung soll es anscheinend nicht ankommen.

Damit wird § 55 i. V. m. § 57 Abs. 1 JWG für sich gesehen der oben aus dem Grundgesetz abgeleiteten Forderung nicht gerecht, nach der der Eingriffstatbestand einen Bezug zum elterlichen Verhalten erkennen lassen muß[81]. Daraus folgt allerdings nicht notwendig die Verfassungswidrigkeit dieser Vorschrift. Zu prüfen ist, ob nicht möglicherweise im öffentlichen Jugendhilferecht besondere Gesichtspunkte dafür sprechen, ausnahmsweise auf die Ursächlichkeit pflichtwidrigen Elternverhaltens für die Kindeswohlgefährdung verzichten zu können.

---

[79] Vgl. *Krug*, JWG, Stand Mai 1984, § 58 Anm. 4; *Potrykus*, JWG, 2. Aufl. 1972, § 58 Anm. 4; *Friedeberg/Polligkeit/Giese*, JWG, 2. Aufl. 1972, § 58 Anm. 3.

[80] Dies übersieht *Hansmann*, Verfassungsrechtliche Schranken öffentlicher Jugendfürsorge, Diss. iur. Münster 1967, S. 92, wenn er ausführt, die Tätigkeit des Erziehungsbeistands beeinträchtige allenfalls die Kindesgrundrechte (S. 93 f.), nicht aber das Elternrecht.

[81] Vgl. oben S. 55 ff.

Hinz[82] sieht einen Gesichtspunkt darin, daß — so meint er — die Maßnahmen des JWG nicht an eine Fehlentwicklung beliebigen Ausmaßes anknüpften, sondern an eine ganz erhebliche Fehlentwicklung bzw. an ein Höchstmaß an Gefährdung, während z. B. bei Maßnahmen nach § 1666 Abs. 1 S. 1 BGB dieses Erheblichkeitskriterium fehle. An dessen Stelle habe daher im Rahmen des § 1666 Abs. 1 S. 1 BGB eine Ursachenbetrachtung zu treten[83]; hingegen reiche bei der Anordnung von Jugendhilfe ein allgemeiner Gefährdungstatbestand nicht zuletzt mit Blick auf die angestrebte Jugendhilfereform aus, die die Vorschaltung einer gründlichen medizinisch-psychologisch-pädagogischen Untersuchung verlange, welche als Ersatz für fehlende konkrete Eingriffsvoraussetzungen angesehen werden könne[84]. Dieser Argumentation ist zunächst entgegenzuhalten, daß die Eingriffsvoraussetzungen nach dem JWG gerade anders ausgestaltet und formuliert sind, als dies de lege ferenda möglicherweise vorgesehen ist, so daß sich Rückschlüsse von der beabsichtigten Änderung auf das geltende Recht verbieten. Weiterhin findet die Ansicht, die Anordnung von Jugendhilfemaßnahmen sei anders als bei Maßnahmen im Bereich des Personensorgerechts nur bei ganz erheblichen Gefährdungen des Kindes gestattet, zumindest im Wortlaut des § 55 JWG und vergleichsweise in § 1666 Abs. 1 S. 1 BGB keinen Niederschlag. Im Gegenteil läßt z. B. § 1631 a Abs. 2 S. 1 BGB eine Entscheidung des Vormundschaftsgerichts nur zu, wenn die Entwicklung des Kindes „nachhaltig und schwer" beeinträchtigt wird[85]. Andere Gründe, im Jugendhilferecht auf die Abhängigkeit vormundschaftsgerichtlicher Aktivität von einer Pflichtverletzung der Eltern zu verzichten, sind nicht ersichtlich.

Das Fehlen einer Anknüpfung der Rechtsfolge des § 57 JWG an eine elterliche Pflichtverletzung führt jedoch dann nicht zur Verfassungswidrigkeit des § 57 JWG, wenn sich ein solcher Anknüpfungspunkt in einer für die Anwendung dieser Norm maßgeblichen anderweitigen Vorschrift befindet. In Betracht kommt § 1 Abs. 3 JWG. § 1 Abs. 3 JWG bestimmt generell, unter welchen Voraussetzungen öffentliche Jugendhilfe eintreten darf und zieht öffentlicher Jugendhilfe dadurch (auch) Grenzen[86]. Danach tritt öffentliche Jugendhilfe nur dann ein und darf damit auch Erziehungsbeistandschaft nur dann angeordnet werden, wenn der Erziehungs„anspruch" des Kindes (von der Familie) nicht erfüllt wird. Da mit der Nichter-

---

[82] Kindesschutz als Rechtsschutz, S. 16.
[83] *Hinz*, Kindesschutz als Rechtsschutz, S. 16, 34.
[84] *Hinz*, Kindesschutz als Rechtsschutz, S. 37.
[85] Hierzu und zur Eingriffsschwelle des § 1666 Abs. 1 S. 1 BGB vgl. oben, S. 79 f., 62 ff., 66.
[86] Vgl. oben S. 97 f.

füllung des Erziehungs„anspruchs" nichts anderes gemeint ist als die Tatsache, daß die Eltern nicht erziehen bzw. bei der Erziehung versagen, wird durch diese Formulierung das Kriterium der Verletzung der elterlichen Erziehungspflicht in den Tatbestand des § 1 Abs. 3 JWG eingeführt[87]. So ausgelegt gibt § 1 Abs. 3 JWG praktisch in verkürzter Form die Voraussetzungen des § 1666 Abs. 1 S. 1 BGB wieder; indem die Eltern das Kind vernachlässigen, ihr Erziehungsrecht mißbrauchen oder bei der Erziehung versagen, erfüllen sie den Erziehungs„anspruch" des Kindes nicht und verletzen dadurch ihre Pflicht gegenüber dem Kind. § 1 Abs. 3 JWG stellt daher im Hinblick auf elterliches Fehlverhalten keine niedrigeren Anforderungen als es die bereits untersuchten und für verfassungsgemäß erachteten Normen des BGB tun. Soweit die Eltern ihre Pflicht zur Erziehung erfüllen, wird gleichzeitig der „Anspruch" des Kindes auf Erziehung erfüllt und ist kein Raum für Jugendhilfe in Form einer vormundschaftsgerichtlich angeordneten Erziehungsbeistandschaft.

Der geforderte Bezug der Rechtsfolge des § 57 JWG zum elterlichen Verhalten ist somit über § 1 Abs. 3 JWG hergestellt.

2. Die vormundschaftsgerichtlich angeordnete Fürsorgeerziehung gemäß § 64 JWG

§ 64 JWG bestimmt die Voraussetzungen, bei deren Vorliegen das Vormundschaftsgericht Fürsorgeerziehung für einen Minderjährigen anzuordnen hat. Das Gericht kann gemäß § 65 Abs. 1 S. 1 JWG auf Antrag, aber auch von Amts wegen tätig werden. Fürsorgeerziehung ist danach nur dann anzuordnen, wenn sie erforderlich ist, weil der Minderjährige zu verwahrlosen droht oder verwahrlost ist und eine ausreichende andere Erziehungsmaßnahme nicht gewährt werden kann.

Die Anordnung der Fürsorgeerziehung läßt das elterliche Personenrecht als solches bestehen, schränkt es aber insofern ein, als die Rechte und Pflichten der Eltern hinsichtlich des Unterhalts, der Erziehung und Beaufsichtigung des Kindes (insbesondere also das Aufenthalts- und Umgangsbestimmungsrecht, §§ 1631 Abs. 1, 1632 Abs. 2 BGB) für die Dauer und Zwecke der Fürsorgeerziehung auf die Erziehungsbehörde[88] übergehen[89]. Die Erziehungsbehörde bestimmt über den Aufenthalt des

---

[87] Vgl. bereits oben, S. 94 f., 107 f.
[88] Erziehungsbehörde ist gemäß § 69 Abs. 1 JWG das Landesjugendamt, wenn nicht das Landesrecht andere Regelungen trifft (§ 74 JWG).
[89] Vgl. *Potrykus*, JWG, 2. Aufl. 1972, § 64 Anm. 2 m. w. Nachw.; *Hansmann*, Verfassungsrechtliche Schranken öffentlicher Jugendfürsorge, Diss. iur. Münster 1967, S. 96; RGZ 98, S. 246 (247).

Kindes (§ 71 Abs. 1 S. 1 JWG), das in der Regel in einem Heim oder in einer anderen Familie untergebracht wird[90].

§ 64 JWG setzt — für sich betrachtet — ein pflichtwidriges Verhalten der Eltern als Ursache für die Verwahrlosung des Minderjährigen ebensowenig wie § 57 JWG voraus[91]. Es genügt der objektive Zustand drohender oder bereits eingetretener Verwahrlosung, mag er z. B. auf Gleichgültigkeit der Eltern oder auf Einflüssen außerhalb des Elternhauses beruhen[92]. Die Vorschrift unterliegt daher zunächst denselben verfassungsrechtlichen Bedenken wie § 57 Abs. 1 S. 1 JWG, die aber durch die Anwendung des § 1 Abs. 3 JWG als „Eingangsnorm" bzw. Grundvoraussetzung entkräftet werden[93].

Hinzu kommt, daß bei § 64 JWG möglicherweise auch deshalb auf das Erfordernis eines tatbestandlichen Bezuges zum elterlichen Verhalten verzichtet werden kann, weil der für die Anordnung der Fürsorgeerziehung erforderliche (spezielle) Eingriffsvorbehalt in Art. 6 Abs. 3 GG enthalten ist und diese Verfassungsnorm selbst eine Trennung des Kindes von der Familie nicht nur bei Versagen der Eltern zuläßt, sondern auch dann, wenn die Kinder „aus anderen Gründen" zu verwahrlosen drohen, aus Gründen also — so ließe sich der Gegenschluß ziehen —, die nicht notwendigerweise in elterlichem Fehlverhalten liegen müssen[94]. Ob dieser Schluß zwingend ist, ist angesichts der Tatsache, daß Art. 6 Abs. 2 GG nach dem oben Gesagten für weniger einschneidende Maßnahmen ein pflichtwidriges Verhalten der Eltern verlangt, allerdings zweifelhaft. Art. 6 Abs. 3 GG konkretisiert und beschränkt lediglich die dem Staat durch das Wächteramt des Art. 6 Abs. 2 S. 2 GG verliehenen Befugnisse[95], verändert aber das durch Art. 6 Abs. 2 GG ausgestaltete Eltern-Staat-Verhältnis nicht, sondern baut auf ihm auf. Eine enger an Art. 6 Abs. 2 GG orientierte Auslegung des Art. 6 Abs. 3 könnte daher möglicherweise zu einem anderen Ergebnis gelangen. Die Frage kann hier aber letztlich offenbleiben, da der von Art. 6 Abs. 2 GG vorausgesetzte Pflichtwidrigkeitszusammenhang durch die

---

[90] U. U. kann Fürsorgeerziehung auch in der eigenen Familie durchgeführt werden; vgl. BGH FamRZ 1979, S. 225 (227).

[91] Vgl. auch *Potrykus*, JWG, 2. Aufl. 1972, § 64 Anm. 4; *Friedeberg/Polligkeit/Giese*, JWG, 3. Aufl. 1972, § 64 Anm. 3.

[92] Vgl. *Potrykus*, JWG, 2. Aufl. 1972, § 64 Anm. 4; *Krug*, JWG, Stand Mai 1984, § 64 Anm. 5; BGH FamRZ 1979, S. 225 (227).

[93] Vgl. oben S. 114 f.

[94] So *Maunz*, in: Maunz/Dürig, GG, Stand Jan. 1985, Art. 6 Rdn. 36; *E. M. v. Münch*, in: v. Münch, GG, 3. Aufl. 1985, Art. 6 Rdn. 31; vgl. auch *Richter*, in: Alternativ-Kommentar zum GG, 1984, Art. 6 Rdn. 28, der allerdings „Verwahrlosung" als einziges Kriterium für eine Trennung als nicht ausreichend ansieht.

[95] Vgl. oben S. 48.

C. Zwangsweise Durchsetzung von Jugendhilfemaßnahmen 117

Einbeziehung des § 1 Abs. 3 JWG in die Entscheidung gemäß § 64 JWG hergestellt wird, mag er durch Art. 6 Abs. 3 GG auch nicht gefordert sein.

Die Anknüpfung vormundschaftsgerichtlich angeordneter Fürsorgeerziehung an den Begriff der drohenden bzw. bereits eingetretenen „Verwahrlosung" des Jugendlichen ist an die gleichlautende Formulierung des Art. 6 Abs. 3 GG angelehnt. Mit Verwahrlosung ist sowohl in Art. 6 Abs. 3 GG als auch in § 64 JWG ein Zustand von einiger Dauer gemeint, in dem das Kind in erheblichem Maße derjenigen geistigen, sittlichen oder körperlichen Eigenschaften ermangelt, die bei einem Minderjährigen unter sonst gleichen Verhältnissen als Ergebnis einer ordnungsgemäßen Erziehung vorausgesetzt werden müssen[96]. Wann das der Fall ist, kann daher aus verfassungsrechtlicher Sicht nur wiederum anhand der von der Verfassung vorgegebenen (formalen und materiellen) Erziehungsziele[97] festgestellt werden. Läßt eine am Menschenbild des Grundgesetzes orientierte Erziehung es zu, das Kind auf das Leben eines „Aussteigers" aus der bürgerlichen Gesellschaft vorzubereiten und ihm das Ideal des lohnunabhängigen, autarken Selbstversorgers zu vermitteln, so könnte Verwahrlosung z. B. nicht allein in der Tatsache gesehen werden, daß der Minderjährige dieses Leben erstrebt und deswegen auf Dauer nicht bereit ist zu arbeiten[98]. Als Verwahrlosung kann daher nur ein dem Ziel der Erziehung im Sinne des Grundgesetzes konträrer Zustand bezeichnet werden[99].

Die Anordnung der Fürsorgeerziehung stellt den weitestgehenden und schwersten staatlichen Eingriff in das elterliche Erziehungsrecht dar[100]. Insbesondere ist sie im Vergleich zu der Heimunterbringung durch einen Sorgerechtspfleger gemäß §§ 1666 Abs. 1 S. 1, 1909 BGB die einschneidendere Maßnahme. Dies wurde bereits an anderer Stelle näher ausgeführt[101]. Demgemäß hat das Vormundschaftsgericht bei dieser Entscheidung zu prüfen, ob nicht andere Maßnahmen nach dem JWG, z. B. Erziehungsbeistandschaft, oder nach § 1666 BGB, also etwa auch die genannte Familien- oder Heimunterbringung durch einen Pfleger, oder aber Ermahnungen und Verwarnungen durch den Lehrer, Arbeitgeber usw. möglich und ausreichend sind[102]. Sind solche „milde-

---

[96] Vgl. etwa *Schneider*, Die öffentliche Jugendhilfe zwischen Eingriff und Leistung, 1964, S. 110; *Krug*, JWG, Stand Mai 1984, § 64 Anm. 4 m. w. Nachw. aus der st. Rspr. und der Lit.
[97] Vgl. dazu oben S. 38 f.
[98] Vgl. *Krug*, JWG, Stand Mai 1984, § 64 Anm. 4.
[99] Vgl. auch *Mrozynski*, Jugendhilfe und Jugendstrafrecht, 1980, S. 4.
[100] BGH FamRZ 1979, S. 225 (226, 227); *Krug*, JWG, Stand Mai 1984, § 64 Anm. 2.
[101] Siehe oben S. 78.
[102] Vgl. *Krug*, JWG, Stand Mai 1984, § 64 Anm. 8 a. E.

ren" Maßnahmen möglich, so sind sie der Anordnung von Fürsorgeerziehung vorzuziehen. Dieser bereits aus dem verfassungsrechtlichen Übermaßverbot folgende Grundsatz (Prinzip des Interventionsminimums) ist in § 64 S. 2 JWG ausdrücklich (deklaratorisch) festgeschrieben. Fürsorgeerziehung darf danach nur angeordnet werden, wenn keine **ausreichende** andere Erziehungsmaßnahme gewährt werden kann (sog. Subsidiarität der Fürsorgeerziehung).

Wie bereits mehrfach betont, erstreckt sich die Geltung des Übermaßverbots nicht nur auf die Frage der Verfassungsmäßigkeit der einzelnen Maßnahme, sondern ist auch bei der Überprüfung der jeweils ermächtigenden Norm heranzuziehen. Problematisch erscheint § 64 JWG dabei insofern, als es sich in der Praxis der Jugendhilfe gezeigt hat, daß die zwangsweise angeordnete Fürsorgeerziehung eine Zusammenarbeit mit den Eltern unmöglich macht und dies auch oft für die Erfolglosigkeit der Fürsorgeerziehung des Kindes verantwortlich ist, ein Befund, der die Anordnung von Fürsorgeerziehung in jüngster Zeit immer seltener werden ließ[103]. Es steht also — ähnlich wie bei der angeordneten Bestellung eines Erziehungsbeistands[104] — die Geeignetheit dieses Mittels zur Erreichung des Ziels der Sicherstellung des Kindeswohls in Frage. Hier wie dort hängt die abschließende Beurteilung aber von gesicherten Erkenntnissen der Praxis ab.

---

[103] Vgl. die Zahlen bei *Horndasch*, Zum Wohle des Kindes, S. 271 Fn. 116.
[104] Dazu oben S. 112.

Viertes Kapitel

Umstrittene Reformvorschläge

Abschließend sollen exemplarisch einige der in der Jugendhilferechtsreform diskutierten Regelungen am Maßstab der Verfassung, insbesondere an Art. 6 Abs. 1 und 2 GG gemessen werden. Zugrundegelegt wird dabei der Entwurf eines Jugendhilfegesetzes (JHG), wie er in der Form der Beschlußempfehlung des Ausschusses für Jugend, Familie und Gesundheit[1] als Gesetz vom Bundestag beschlossen wurde.

A. Die Eingangsvorschrift des § 1 JHG

Dabei fällt zunächst auf, daß im JHG — anders als noch im Regierungsentwurf[2] — gleich zu Anfang der genaue Wortlaut des Elternrechts des Art. 6 Abs. 2 S. 1 GG wiedergegeben wird (§ 1 Abs. 2 JHG). Auch § 1 Abs. 1 und Abs. 3 S. 1 und 2 JHG enthalten Bekanntes, denn sie geben fast wörtlich den oben bereits dargestellten Inhalt des § 8 SGB I wieder. § 1 Abs. 3 S. 3 und Abs. 4 S. 1 JHG finden Entsprechungen in § 3 Abs. 1 S. 1 und 2 JWG, wenn es dort heißt, Jugendhilfe solle die in der Familie begonnene Erziehung unterstützen und ergänzen und die von dem Personensorgeberechtigten bestimmte Grundrichtung der Erziehung beachten.

Diese — verfassungsrechtlich unbedenklichen, weil direkt aus Art. 6 Abs. 1 und 2 GG abgeleiteten — Formulierungen sagen aber nichts aus über die Verfassungsmäßigkeit der nachfolgenden Vorschriften und machen deren Überprüfung daher nicht entbehrlich.

B. Der Grundsatz der Freiwilligkeit gemäß § 7 Abs. 1 S. 1 JHG und das Antragsrecht des Jugendlichen gemäß § 7 Abs. 3 S. 2 JHG

Umstritten blieb bis zuletzt die Regelung des § 7 Abs. 3 S. 2 JHG, nach der auch ein Jugendlicher beim Jugendamt Anträge auf Leistun-

---

[1] BT-Drucks. 8/4010.
[2] BT-Drucks. 8/2571.

gen der Jugendhilfe stellen und verfolgen kann. Wenngleich das Jugendamt gemäß § 7 Abs. 3 S. 3 JHG den Personensorgeberechtigten über den Antrag des Jugendlichen zu unterrichten hat und der Personensorgeberechtigte diesen gemäß § 7 Abs. 3 S. 4 JHG jederzeit zurücknehmen können soll, wurde die Besorgnis geäußert, das Antragsrecht des Jugendlichen beschränke das elterliche Erziehungsrecht in unzulässiger Weise[3]. Daß ein im Vergleich zu § 7 Abs. 3 S. 2 JHG sogar weitergehendes Antragsrecht des Jugendlichen bereits nach geltendem Recht existiert, wurde offenbar nicht als bedenklich angesehen. Gemäß § 36 SGB I kann ein Jugendlicher, der das 15. Lebensjahr vollendet hat[4], Anträge auf Sozialleistungen — dazu zählen auch die nach dem JWG gewährten Leistungen[5] — stellen, über die der Jugendhilfeträger die Eltern lediglich unterrichten „soll". Eine allein gegen § 7 Abs. 3 S. 2 JHG gerichtete Kritik erscheint deshalb ungerechtfertigt.

Wie oben bereits dargelegt[6] enthält der durch die Grundrechte gewährte Schutz auch eine verfahrensrechtliche Dimension. Grundrechte bedürfen danach, um ihre Funktion in der Wirklichkeit zu erfüllen, geeigneter Organisations- und Verfahrensregelungen[7]. Die Gewährung eines förmlichen Antragsrechts verstärkt in der Regel die Rechtsstellung des Antragsberechtigten gegenüber der Behörde, vergleicht man sie etwa mit der stets gegebenen Möglichkeit einer bloßen „Anregung", die Behörde möge von Amts wegen tätig werden. Daß das Antragsrecht des Jugendlichen dessen Rechtsstellung und möglicherweise auch seinen grundrechtlich geschützten Freiraum verstärkt, indem es das Jugendamt verpflichtet, einen rechtsmittelfähigen Bescheid zu erteilen, ist daher nicht zweifelhaft. Fraglich ist aber, ob das Antragsrecht des Jugendlichen auch geeignet ist, verfahrensrechtlich den Schutz des familieninternen Bereichs vor staatlicher Einmischung zu bewirken und das elterliche Erziehungsrecht zur richtigen Entfaltung zu bringen, oder — anders gewendet — ob zur Verstärkung und Beibehaltung der subjektiv-rechtlichen Geltungskraft des Art. 6 Abs. 1 und Abs. 2 S. 1 GG nicht vielmehr ein Verfahren geboten ist, demzufolge Leistungen der Jugendhilfe ausschließlich auf Antrag der Eltern gewährt werden.

Dafür könnte sprechen, daß bei einem Tätigwerden der Jugendhilfe von Amts wegen oder auf Antrag des Jugendlichen, aber gegen den

---
[3] Vgl. *Geiger*, Elterliche Erziehungsverantwortung, S. 9 (27); *Scheuner*, Diskussionsbeitrag in: Essener Gespräche zum Thema Staat und Kirche, hrsg. v. Krautscheidt/Marré, Bd. 14 (1980), S. 32. Vgl. auch die Begründung für den Änderungsantrag der CDU/CSU-Fraktion, BT-Drucks. 8/4104.
[4] Demgegenüber ist „Jugendlicher" i. S. d. § 7 JHG auch bereits der 14jährige (§ 4 Nr. 3 JHG).
[5] Vgl. *Wiesner*, ZRP 1979, S. 285 (290 mit Fn. 68).
[6] S. 21.
[7] Vgl. BVerfGE 56, S. 216 (236).

B. Grundsatz d. Freiwilligkeit u. Antragsrecht (§ 7 Abs. 1 S. 1 u. Abs. 3 S. 2)

Willen der Eltern u. U. ein Konflikt in die Familie hineingetragen wird, weil Jugendlichen Leistungen erbracht werden, die die Eltern ablehnen. Indessen dürfen nach der ausdrücklichen Regelung des § 7 Abs. 1 S. 2 JHG Leistungen der Jugendhilfe nur mit vorliegender Zustimmung des Personensorgeberechtigten erbracht werden[8]. Die Inanspruchnahme von Leistungen durch die Eltern ist — so § 7 Abs. 1 S. 1 JHG — also grundsätzlich freiwillig, und zwar nicht nur dann, wenn sie von Amts wegen vorgeschlagen werden, sondern auch dann, wenn der Jugendliche sie beantragt, denn die Eltern können seinen Antrag jederzeit zurücknehmen. Das vom JHG der Leistungsgewährung vorgeschaltete Verfahren ist dergestalt in der Lage, zu verhindern, daß Jugendhilfe gegen den Willen der Eltern tätig wird[9]. Die Eltern behalten das Letztentscheidungsrecht. Der mit der Ausübung dieses Rechts möglicherweise in der Familie ausgelöste Konflikt zieht, solange nicht die durch § 1666 BGB i. V. m. § 8 JHG gezogene Grenze überschritten ist[10], keine weiteren Maßnahmen der Jugendhilfe nach sich. Es ist allerdings nicht ausgeschlossen, daß, wenn Jugendliche schon von sich aus Erziehungsberatung oder Betreuung in einer fremden Familie nach Maßgabe des § 44 JHG, also eher unattraktive „Leistungen" beantragen, die Eltern die Erziehung nicht zum Wohle des Kindes gestalten und in ihrer Erziehungsverantwortung versagen[11]. Von daher erscheint die Befürchtung, (u. a.) das Antragsrecht des Jugendlichen dränge die Familie in die Defensive, „weil die Jugendhilfe den Jugendlichen verlockt, sich zur Entfaltung seiner Persönlichkeit der Fazilitäten außerhalb der Familie zu bedienen und dem für ihn engen, für seine Anforderungen lästigen Kreis der Familie zu entfliehen"[12], nicht unbedingt lebensnah. Um aber den Ausnahmefällen zu begegnen, wo Jugendliche — etwa pubertätsbedingt — den Konflikt mit der Familie geradezu suchen, indem sie Anträge auf Hilfen zur Erziehung beim Jugendamt stellen, hilft auch die Streichung des Antragsrechts nichts, da es dem Jugendlichen unbenommen bleibt, die Tätigkeit der Jugendhilfebehörde formlos zu „beantragen", d. h. anzuregen.

Ein Antragsrecht des Jugendlichen, wie es § 7 Abs. 3 S. 2 JHG vorsah, und wie es § 36 SGB I vorsieht, verstößt daher nicht gegen das

---

[8] Gegen die in § 7 Abs. 1 S. 3 JHG genannte Ausnahme bei einer durch die Kenntnis der Eltern von der Beratung verursachten Gefährdung des Beratungserfolgs und Besorgnis eines schwerwiegenden Nachteils für das Kindeswohl bestehen keine Bedenken; ebenso *Ossenbühl*, Das elterliche Erziehungsrecht, S. 94 f. Vgl. auch *Wiesner*, ZBlJugR 1980, S. 455 (464).
[9] Vgl. auch BT-Drucks. 8/4080, S. 21.
[10] Dazu unten S. 122.
[11] So auch *Ossenbühl*, Das elterliche Erziehungsrecht, S. 94. Vgl. auch *Wiesner*, ZRP 1979, S. 285 (290).
[12] So *Geiger*, Elterliche Erziehungsverantwortung, S. 9 (27).

elterliche Erziehungsrecht des Art. 6 Abs. 2 S. 1 GG und mißachtet auch nicht den Schutz der Familie i. S. v. Art. 6 Abs. 1 GG[13].

C. Die vormundschaftsgerichtliche Anordnung gemäß § 8 JHG

Eines der Ziele der Jugendhilferechtsreform war es, die „Zweigleisigkeit" von sorgerechtlichen Maßnahmen nach § 1666 BGB und der Anordnung von Erziehungsbeistandschaft und Fürsorgeerziehung nach den §§ 57 und 64 JWG zu beseitigen[14]. Diese Absicht hat in § 8 JHG ihren Ausdruck gefunden. Hier wird die einzige nach dem JHG mögliche Zwangsmaßnahme, die Anordnung einer sog. Hilfe zur Erziehung außerhalb der eigenen Familie, also etwa die Unterbringung in einer Pflegefamilie oder in einem Heim[15], mit den Voraussetzungen der §§ 1666, 1666 a BGB verknüpft.

Diese Änderung ist mit zweierlei Konsequenzen verbunden. Zum einen stellt sie in Verbindung mit §§ 43 und 7 Abs. 1 JHG klar, daß das Vormundschaftsgericht nicht mehr gegen den Willen der Eltern die Bestellung eines Erziehungsbeistands zwangsweise anordnen darf, eine Maßnahme, die das geltende Recht noch vorsieht, die in der Praxis aber als ungeeignet angesehen wird[16]. Zum anderen wird die Anknüpfung der Anordnung an § 1666 BGB der verfassungsrechtlichen Forderung gerecht, staatliche Eingriffe in das elterliche Erziehungsrecht davon abhängig zu machen, daß die Ursache für die den Eingriff erfordernde Kindeswohlgefährdung in einem pflichtwidrigen Elternverhalten liegt. Dieser Bezug zum elterlichen Verhalten ist gegeben, wenn § 1666 Abs. 1 S. 1 BGB einschlägig ist. Da die §§ 1666, 1666 a BGB — wie oben ausgeführt[17] — verfassungsgemäß sind, bestehen auch keine Bedenken, dem Vormundschaftsgericht über die nach dem Bürgerlichen Recht möglichen personensorgerechtlichen Regelungen hinaus die Befugnis zur Anordnung von Leistungen der Jugendhilfe einzuräumen.

D. Die Stellung der freien Träger der Jugendhilfe

Das Verhältnis der freien Träger der Jugendhilfe zur öffentlichen Jugendhilfe wird zunächst in § 3 Abs. 3 JHG mit dem Stichwort einer

---

[13] Ebenso *Ossenbühl*, Das elterliche Erziehungsrecht, S. 94; *Wiesner*, ZRP 1979, S. 285 (290).
[14] Vgl. BT-Drucks. 8/4080, S. 22.
[15] Weitere Möglichkeiten sind in § 44 JHG aufgezählt.
[16] Vgl. bereits oben, S. 112.
[17] Siehe S. 60 ff., 76.

D. Stellung der freien Träger der Jugendhilfe

„partnerschaftlichen" Zusammenarbeit umschrieben. Eine Vorrangstellung der freien Träger, wie sie ihnen durch § 5 Abs. 3 S. 2 JWG eingeräumt ist, besteht allerdings nicht mehr in dieser Form. § 102 Abs. 2 S. 2 JHG bestimmt vielmehr nur, daß einem anerkannten freien Träger, der zur Schaffung und Betreibung von Jugendhilfeeinrichtungen bereit ist, „in der Regel" Gelegenheit dazu gegeben werden „soll". Entscheidender Gesichtspunkt hierfür soll sein, daß der freie Träger mit seinem Angebot den Wünschen, Bedürfnissen und Interessen der Jugendlichen und Eltern entspricht. Zur Begründung wird angeführt, dergestalt werde die Rückbindung an den Elternwillen eher ermöglicht als es bei einem pauschalen, nicht an den Wünschen und Interessen der Betroffenen orientierten Vorrang der Fall sei, wodurch dem verfassungsrechtlichen Vorrang der elterlichen Erziehungsverantwortung besser Rechnung getragen werde[18].

Diese Einschätzung des Gesetzgebers ist nicht völlig von der Hand zu weisen. Berücksichtigt man zudem, daß das Subsidiaritätsprinzip, von einzelnen Ausprägungen abgesehen, im Grundgesetz keine Grundlage gefunden hat und auch aus den eigenen subjektiven Rechten der freien Träger das Erfordernis einer Vorrangeinräumung nicht abzuleiten ist[19], so bestehen gegen die vom JHG vorgesehene „abgeschwächte" Vorrangstellung keine verfassungsrechtlichen Bedenken.

---

[18] BT-Drucks. 8/4080, S. 6.
[19] Vgl. oben S. 109 ff.

Verzeichnis häufiger und abgekürzt zitierter Schriften

Böckenförde, Ernst-Wolfgang: Elternrecht — Recht des Kindes — Recht des Staates, Zur Theorie des verfassungsrechtlichen Elternrechts und seiner Auswirkung auf Erziehung und Schule, in: Essener Gespräche zum Thema Staat und Kirche, hrsg. v. Krautscheidt/Marré, Bd. 14 (1980), S. 54. (zitiert: E.-W. Böckenförde, Elternrecht).

Geiger, Willi: Kraft und Grenze der elterlichen Erziehungsverantwortung unter den gegenwärtigen gesellschaftlichen Verhältnissen, in: Essener Gespräche zum Thema Staat und Kirche, hrsg. v. Krautscheidt/Marré, Bd. 14 (1980), S. 9 (zitiert: Geiger, Elterliche Erziehungsverantwortung).

Hinz, Manfred: Kindesschutz als Rechtsschutz und elterliches Sorgerecht, 1976 (zitiert: Hinz, Kindesschutz als Rechtsschutz).

Horndasch, Klaus-Peter: Zum Wohle des Kindes: Möglichkeiten und Grenzen staatlicher Einwirkung auf die Erziehungsverantwortung der Eltern, Diss. iur. Göttingen 1983 (zitiert: Horndasch, Zum Wohle des Kindes).

Ossenbühl, Fritz: Das elterliche Erziehungsrecht im Sinne des Grundgesetzes, 1981 (zitiert: Ossenbühl, Das elterliche Erziehungsrecht).

Schmitt Glaeser, Walter: Das elterliche Erziehungsrecht in staatlicher Reglementierung, 1980 (zitiert: Schmitt Glaeser, Das elterliche Erziehungsrecht).

Schmitt-Kammler, Arnulf: Elternrecht und schulisches Erziehungsrecht nach dem Grundgesetz, 1983 (zitiert: Schmitt-Kammler, Elternrecht).

Simon, Dietrich V.: Die Reform des Rechts der elterlichen Sorge, in: Essener Gespräche zum Thema Staat und Kirche, hrsg. v. Krautscheidt/Marré, Bd. 14 (1980), S. 128 (zitiert: Simon, Die Reform des Rechts der elterlichen Sorge).

Gesetzesregister

Bürgerliches Gesetzbuch (BGB) vom 18. August 1896

§ 184	82 Fn. 98	§ 1666	10, 12, 16, 60 f., 117, 121, 122
§ 276	69	§ 1666 Abs. 1	65, 78 f., 88
§ 1626	16	§ 1666 Abs. 1 S. 1	9, 60 ff., 64 ff., 69 ff., 75 f., 77 ff., 83, 85 f., 87, 89, 114 f., 117, 122
§ 1626 Abs. 1 S. 1	73		
§ 1626 Abs. 1 S. 2	61		
§ 1626 Abs. 2	71 f., 75 f.		
§ 1626 Abs. 2 S. 1	75		
§ 1626 Abs. 2 S. 2	73, 75 f.	§ 1666 Abs. 1 S. 2	69 ff.
§ 1629	16	§ 1666 a	9, 60 f., 76, 122
§ 1631 Abs. 1	16, 61, 115	§ 1666 a Abs. 1	61, 76 f., 79
§ 1631 Abs. 2	44, 61	§ 1666 a Abs. 2	61, 77
§ 1631 a Abs. 1	79 f.	§ 1673	90
§ 1631 a Abs. 2	9, 79 ff.	§ 1674	90
§ 1631 a Abs. 2 S. 1	114	§ 1676 (a.F.)	46 Fn. 174
§ 1631 b	9, 82 ff.	§ 1693	9 f., 90
§ 1632 Abs. 1	16, 61	§ 1705	29
§ 1632 Abs. 2	16, 61, 70, 113, 115	§ 1837	78
§ 1632 Abs. 4	9, 85 ff.	§ 1909	117
§ 1634	61	§ 1909 Abs. 1	78
§ 1666 (a.F.)	65	§ 1915 Abs. 1	78

Gesetz für Jugendwohlfahrt (JWG) vom 9. Juli 1922

§ 1	91, 94	§ 5 Abs. 3 S. 2	11, 109 f., 123
§ 1 Abs. 1	92 ff., 107	§ 5 Abs. 3 S. 3	109
§ 1 Abs. 2	94, 103	§ 5 Abs. 4	108
§ 1 Abs. 2 S. 1	91	§ 6	77
§ 1 Abs. 2 S. 2	91	§ 6 Abs. 1	99, 107
§ 1 Abs. 3	91, 93, 95 ff., 102 f., 105 ff., 114 ff.	§ 6 Abs. 2	99, 107
		§§ 27 ff.	106
§ 2	108	§ 27 Abs. 2 Nr. 2	106
§ 2 Abs. 2	96	§ 28	107
§ 3	103, 108, 109	§ 31 Abs. 1	107
§ 3 Abs. 1 S. 1	97, 108, 119	§ 51	77
§ 3 Abs. 1 S 2	108, 119	§ 51 a	77
§ 3 Abs. 2	108	§ 52 Abs. 3	77
§ 3 Abs. 3	108	§ 55	11, 77, 111, 113 f.
§ 4	97 ff.	§ 56	113
§ 5	12, 77, 97 ff., 109	§ 56 Abs. 1	111
§ 5 Abs. 1	11, 108, 110	§ 57	77, 98, 112 ff., 122
§ 5 Abs. 1 Nr. 2	101	§ 57 Abs. 1	113
§ 5 Abs. 3 S. 1	110	§ 57 Abs. 1 S. 1	11, 111, 116

§ 58 Abs. 1 S. 1	112	§§ 64 ff.	77
§ 58 Abs. 1 S. 2	112	§ 64	11, 68, 78, 98, 115 ff., **122**
§ 58 Abs. 1 S. 3	113		
§ 58 Abs. 2	112	§ 64 S. 2	118
§ 58 Abs. 2 S. 2	113	§ 65 Abs. 1 S. 1	115
§ 59	112	§ 69 Abs. 1	115 Fn. 88
§ 62	11	§ 71 Abs. 1 S. 1	116
§ 63	11	§ 74	115 Fn. 88

Grundgesetz für die Bundesrepublik Deutschland (GG) vom 23. Mai 1949

Art. 1 Abs. 1	40, 45		48, 50 f., 58, 61 ff., 72 f., 92, 95, 104, 119 f., 122
Art. 1 Abs. 1 S. 1	49		
Art. 1 Abs. 1 S. 2	49		
Art. 1 Abs. 3	16, 17, 20	Art. 6 Abs. 2 S. 2	30, 47 ff., 51 f., 55, 58, 81, 83, 100, 116
Art. 2 Abs. 1	32 Fn. 96, 40, 42, 45, 49		
		Art. 6 Abs. 3	48, 56, 66, 68, 116, 117
Art. 2 Abs. 2	21, 84		
Art. 2 Abs. 2 S. 2	84	Art. 6 Abs. 4	101
Art. 3 Abs. 2	27	Art. 7	51
Art. 4 Abs. 1	66	Art. 9 Abs. 1	110, 111 Fn. 72
Art. 5 Abs. 1 S. 1	22	Art. 12 Abs. 1	21
Art. 6	15, 38	Art. 14 Abs. 1	21
Art. 6 Abs. 1	10, 22 ff., 27, 29 f., 30, 33, 58, 93, 100 ff., 119 f. 122	Art. 14 Abs. 2	33 Fn. 103
		Art. 18	46, 63
		Art. 19 Abs. 2	23, 30
Art. 6 Abs. 1 S. 1	47, 62	Art. 20 Abs. 1	101
Art. 6 Abs. 2	27, 37 f., 56, 62 f., 72 f., 88, 93, 98, 104, 116, 119	Art. 33 Abs. 5	24 Fn. 46
		Art. 74 Nr. 1	37
		Art. 74 Nr. 7	37
Art. 6 Abs. 2 S. 1	10, 16 f., 24, 27 ff., 33 ff., 38, 40, 44 ff.,	Art. 104	84 f.
		Art. 140	110

Jugendgerichtsgesetz (JGG) vom 4. August 1953

§ 5 Abs. 2	111	§ 12 S. 1	111
§ 9 Nr. 2	111	§ 53	111
§ 12	111		

Jugendhilfegesetz (JHG), Entwurf vom 23. Mai 1980

§ 1 Abs. 1	93, 119	§ 4 Nr. 3	120 Fn. 4
§ 1 Abs. 2	119	§ 7	120 Fn. 4
§ 1 Abs. 3 S. 1	119	§ 7 Abs. 1	122
§ 1 Abs. 3 S. 2	93, 119	§ 7 Abs. 1 S. 1	121
§ 1 Abs. 3 S. 3	119	§ 7 Abs. 1 S. 2	121
§ 1 Abs. 4 S. 1	119	§ 7 Abs. 1 S. 3	121 Fn. 8
§ 1 Abs. 5 S. 1	93	§ 7 Abs. 3 S. 2	119, 120 f.
§ 1 Abs. 5 S. 2	93	§ 7 Abs. 3 S. 3	120
§ 3 Abs. 3	122	§ 7 Abs. 3 S. 4	120

| § 8 | 12, 121 f. | § 44 | 121 f. |
| § 43 | 122 | § 102 Abs. 2 S. 2 | 123 |

Sozialgesetzbuch I (SGB I) vom 11. Dezember 1975

§ 2	13	§ 8 S. 1	94
§ 2 Abs. 1 S. 1	94	§ 8 S. 2	91, 96 f., 100, 102 f.
§ 2 Abs. 2	13, 94, 103	§ 27	13
§ 8	13, 91, 94, 119	§ 36	120 f.

Die Verfassung des Deutschen Reiches (Weimarer Reichsverfassung — WRV) vom 11. August 1919

Art. 119	26	Art. 120 Abs. 1	34, 37
Art. 119 Abs. 1 S. 1	26	Art. 137	110
Art. 119 Abs. 2 S. 1	26	Art. 137 Abs. 3 S. 1	111 Fn. 72
Art. 120	27, 29, 50		

Sachverzeichnis

Adoptiveltern, Elternrecht der 28
Auslegung, verfassungskonforme 15 f.
— von § 1626 Abs. 2 S. 2 BGB 75 f.
— von § 1666 Abs. 1 S. 2 BGB 71
Aufenthaltsbestimmungsrecht, elterliches
— Bedeutung des Art. 104 Abs. 2 GG für das 84
— Einschränkungen des 82, 85

Ehe
— verfassungsrechtliche Gewährleistung der 22 ff.
— Institutsgarantie der 23, 25 f.
Einrichtungsgarantie
(s. Institutsgarantie)
Elternrecht 10, 16 f., 27 ff., 33 ff., 39 f., 43 ff., 48 ff., 53, 58
— als Abwehrrecht 16 f., 30
— der Adoptiveltern 28
— als Amt 34 f.
— eigennütziger und fremdnütziger Charakter des 32 f., 34, 55, 89
— und Elternpflicht 33 ff., 51
— und Erziehungsermessen 43
— Grenzen des 53, 81
— Gewährleistungsinhalt des 30 ff.
— als Grenze staatlichen Eingreifens 50 ff., 81
— als Institut 30
— und Jugendhilfe, Verhältnis von 91 ff., 97 ff., 104 ff., 108
— Art. 6 Abs. 2 S. 1 GG als Maßstabsnorm für das 27 ff.
— Regelungsgehalte des 30
— ‚natürliches' 27 f., 29 f., 50
— naturrechtliches 27 f.
— bei nichtehelichem Kind 29
— und Personensorgerecht 45 Fn. 170 (s. auch dort)
— der Pflegeeltern 28 f.
— Pflege und Erziehung als Inhalt des 31 ff., 36, 46
— des Scheinvaters 29
— Schutzbereich des 36, 46
— Begrenzungen des (s. auch Grenzen des)
— Eingriffe in den 45 ff., 47, 53
— Eingriffsvorbehalt des Art. 6 Abs. 2 S. 2 GG 47 f.
— Kindeswohlgefährdung als Eingriffstatbestand 53 ff.
— Grenzen des 44 ff., 47, 51, 72
— als Treuhand 34
— und Unterlassen 36, 46
— Verwirkung des 46, 63
— Vorrang des — vor anderen Erziehungsträgern 50 ff.
Erziehung
— zu ‚alternativem Leben' 42 f., 117
— Anspruch des Kindes auf — gem. § 1 Abs. 1 und 3 JWG 91 ff., 97 f., 107, 114 f.
— und elterliches Erziehungsrecht 92, 95
— als Programmsatz 93 ff.
— als subjektiv-öffentliches Recht 92 f.
— Begriff der 31 f., 36
— Leitbild elterlicher — gem. § 1626 Abs. 2 BGB 72, 75
— Mindestanforderung an die 53
— und Pflege (s. dort)
— religiöse 42
— Unterlassen von 36, 46
Erziehungsbeistandschaft 11, 77, 98, 111 ff.
— Anordnung von
— im Jugendstrafverfahren 111
— vormundschaftsgerichtliche 111 f.
— Voraussetzungen der 113 ff.
— Bezug zum elterlichen Verhalten bei der 113 ff.
— Aufgaben der 111 f.
— Beeinträchtigung des elterlichen Erziehungsrechts durch 112 f.

— nach dem Entwurf des Jugendhilfegesetzes 122
— Geeignetheit der zwangsweisen 112
Erziehungsermessen 43
— Grenzen des 53, 81
Erziehungshilfe, freiwillige, nach dem JWG 11 f.
Erziehungsmethode
— staatliche Einwirkung auf die 37 f., 74 f.
— partnerschaftlich-argumentative 73 f.
— und Letztentscheidungsrecht der Eltern 73
— ungeeignete 74
Erziehungsrecht, elterliches 17, 27 ff., 33, 35, 47, 52
(s. auch Elternrecht)
— Mißbrauch des 63 f.
(s. auch Personensorgerecht, Mißbrauch des)
Erziehungsziel 35 ff., 40
— und Erziehungsmethode, Zusammenhang von 37 f., 74
— formales 35, 38, 42, 73
— Kindeswohl als 35
— materielles 38 f.
— das Menschenbild des Grundgesetzes als 39 ff., 74, 83
— Selbstbestimmung und Selbstverantwortung des Kindes als 35, 38, 73

Familie 22 ff., 26, 33, 39, 58 ff., 103 f.
— Begriff der — im JWG 103
— i. S. d. Art. 6 GG 24 ff., 104
— Schutz der — nach der WRV 26
— verfassungsrechtliche Gewährleistung der 10, 22 f., 24 ff., 39 f., 58 f.
— als Legitimation für Jugendhilfeleistungen 100
Familienpflege 106
Fürsorgeerziehung 11, 77 ff., 98, 115 ff.
— Geeignetheit von 118
— Einschränkung der Personensorge durch Anordnung von 115 f.
— und Heimunterbringung durch Sorgerechtspfleger 78 f., 117
— Subsidiarität der 118

— Voraussetzung vormundschaftsgerichtlicher Anordnung von 115 ff.

Gestaltungsfreiheit des Gesetzgebers
— bei leistungsstaatlichen Maßnahmen 19
— bei Maßnahmen der Jugendhilfe 102, 110
Grundgesetz, Menschenbild des, als Erziehungsziel 39 ff., 74, 83
Grundrechte
— als Abwehrrechte 17 f., 19
— Geltung unter Privaten 17
— und Institutsgarantien 23
— Kindes- 10, 16, 44, 92
— objektive Wertordnung der 18 f., 45, 84
— und staatliche Leistungen 19 ff.
— als Steuerungsvorgaben für gesetzgeberische Gestaltung 16 f., 18 f., 39
Grundrechtsmündigkeit 41, 74
— als Erziehungsziel 41 f.
Grundrechtsschutz durch Organisation und Verfahren 21 f., 120

Heimunterbringung 46, 78 f., 82 ff., 117
— mit Freiheitsentzug verbundene 82 ff.
— Verhältnis zur Fürsorgeerziehung 78 f., 117

Institutsgarantie 23 ff.
— von Ehe und Familie 23 ff.
— des Eigentums 25

Jugendamt
— Aufsichts- und Verteilerfunktion des — gegenüber freien Trägern der Jugendhilfe 110
— als Jugendhilfebehörde 110
Jugendhilfe
— Anspruch des Kindes auf einzelne -maßnahmen 93
— als Eingriff 99
— öffentliche 96
— Grenze der 97 f.
— elterliches Erziehungsrecht als 98
— bei -leistungen 98 f.
— Jugendpflege und -fürsorge als 96

9 Erichsen

— verfassungsmäßige Grundlage der 100
— Vorrang familiärer Erziehung gegenüber der 104 ff., 107 ff.
— Prinzip der Einheit der 96
— Träger der
  — freie 108
    — subjektive Rechte der 110 f.
  — staatliche 108
  — Vorrang der freien 11, 109 f., 123
    — nach dem Entwurf des JHG 122 f.
Jugendhilfegesetz, Entwurf eines 119 ff.
— Antragsrecht des Jugendlichen nach dem 119 f.
— Letztentscheidungsrecht der Eltern nach dem 121
— vormundschaftsgerichtliche Anordnung nach dem 122
Jugendhilferecht 93
— Eingriff in das Elternrecht durch das 91
— Gestaltungsfreiheit bei der Ausgestaltung des 110
— Reform des 12 f., 119 ff.

Kind
— Grundrechte des 10, 16, 44, 49, 92
  — und elterliches Erziehungsrecht 44, 92
— Persönlichkeitsrecht des 40, 49
— Vernachlässigung des 62 f.
— Verwahrlosung des 56 f., 117
— Wohl des 35
  — Begriff des Kindes- 35
  — Befugnis der Eltern zur Bestimmung des 51 ff.
  — Bestimmung der Grenze des 53
  — Gefährdung des 54 f., 80
    — als Eingriffsschwelle bei § 1631 a Abs. 2 BGB 80 f.
    — als Eingriffstatbestand 55 f., 80
    — Prognose der 64
    — durch Verhalten Dritter 69 ff.
    — durch Vernachlässigung 63
  — Verpflichtung des Staates zur Sicherung des 48 ff., 64
Kleinfamilie 24

Leistungen, staatliche, Grundrechtsrelevanz von 19 ff., 99

Öffentliche Hilfe i. S. § 1666 a Abs. 1 BGB 77
Öffentliches Recht, familienrechtliche Vorschriften als Teil des 16

Personensorgerecht, elterliches 10, 16, 60 ff.
— Entzug des 61, 77 f.
  — Verhältnis des — zur Fürsorgeerziehung 78
— Inhalt des 61
— Mißbrauch des 63 f., 66, 75, 81, 83, 86
  — durch Herausgabeverlangen gegenüber Pflegepersonen 87 ff.
  — bei Kindeswohlgefährdung durch Dritte 69 ff.
— und Schutzbereich des Art. 6 Abs. 2 S. 1 GG 61 f.
Pflege
— Begriff der 31 f., 35
— und Erziehung 31 ff.
Pflegeeltern 28, 87
— als Bezugspersonen 87
— elterliches Herausgabeverlangen gegenüber den 86 f.
— Elternrecht der 28 f., 88 f.
Pfleger
— Aufsicht des Vormundschaftsgerichts über 78
— Bestellung eines — als Eingriff in das Elternrecht 45

Rechtsstaatsprinzip, Spannungsverhältnis zum Gestaltungsauftrag des Sozialstaatsprinzips 18

Sozialstaatsprinzip 15, 18 ff.
— als Gestaltungsauftrag 18, 44
  — Spannungsverhältnis zum Rechtsstaatsprinzip 18
— und grundrechtliche Wertordnung 19
— als Legitimation von Jugendhilfeleistungen 100 f.
Subsidiaritätsprinzip 104
— Verfassungsrang des 104 f.

Übermaßverbot 15, 57 f., 59, 61, 76 f., 118

Sachverzeichnis

— Gebot des Interventionsminimums 76 f., 105
— Heranziehung für das Verhältnis familiärer Erziehung zu Jugendhilfeleistungen 105
— und zwangsweise angeordnete Fürsorgeerziehung 118

Verfassung, Einheit der 18
Versagen
— Begriff des 56 f., 66 f.
— elterliches, bei der Erziehung 56 f., 64 ff., 86
  — unverschuldetes — als Eingriffstatbestand 64 ff.
  — Verfassungsmäßigkeit des 65 ff.
Verschuldenprinzip 65
— Aufgabe des — bei Eingriffen in das Elternrecht 64 ff., 68
  — Verfassungsmäßigkeit der 65 ff.

— Funktion des 66 f.
Vormundschaftsgericht
— Anordnung der Bestellung eines Erziehungsbeistands durch das 111
— Erweiterung der Befugnisse des 10
— Maßnahmen des 9, 11, 15, 45, 60

Wesensgehaltsgarantie 23 f.
Wächteramt, staatliches 47 ff.
— als Eingriffsvorbehalt 47 f.
— und elterliches Verschulden 69
— Inhalt und Grenzen des 48 ff., 53 f.
— Konkretisierung der Befugnisse des — durch Art. 6 Abs. 3 GG 48, 116
— als Legitimation von Jugendhilfeleistungen 100
— subsidiärer Charakter des 50 ff.
— Übermaßverbot als Grenze des 57 f., 59